Rahu y Ketu

Una guía completa sobre los dos nodos lunares opuestos, la Astrología Védica y el culto a Navagraha

© Copyright 2025

Todos los derechos reservados. Ninguna parte de este libro puede ser reproducida de ninguna forma sin el permiso escrito del autor. Los revisores pueden citar breves pasajes en las reseñas.

Descargo de responsabilidad: Ninguna parte de esta publicación puede ser reproducida o transmitida de ninguna forma o por ningún medio, mecánico o electrónico, incluyendo fotocopias o grabaciones, o por ningún sistema de almacenamiento y recuperación de información, o transmitida por correo electrónico sin permiso escrito del editor.

Si bien se ha hecho todo lo posible por verificar la información proporcionada en esta publicación, ni el autor ni el editor asumen responsabilidad alguna por los errores, omisiones o interpretaciones contrarias al tema aquí tratado.

Este libro es solo para fines de entretenimiento. Las opiniones expresadas son únicamente las del autor y no deben tomarse como instrucciones u órdenes de expertos. El lector es responsable de sus propias acciones.

La adhesión a todas las leyes y regulaciones aplicables, incluyendo las leyes internacionales, federales, estatales y locales que rigen la concesión de licencias profesionales, las prácticas comerciales, la publicidad y todos los demás aspectos de la realización de negocios en los EE. UU., Canadá, Reino Unido o cualquier otra jurisdicción es responsabilidad exclusiva del comprador o del lector.

Ni el autor ni el editor asumen responsabilidad alguna en nombre del comprador o lector de estos materiales. Cualquier desaire percibido de cualquier individuo u organización es puramente involuntario.

Su regalo gratuito

¡Gracias por descargar este libro! Si desea aprender más acerca de varios temas de espiritualidad, entonces únase a la comunidad de Mari Silva y obtenga el MP3 de meditación guiada para despertar su tercer ojo. Este MP3 de meditación guiada está diseñado para abrir y fortalecer el tercer ojo para que pueda experimentar un estado superior de conciencia.

https://livetolearn.lpages.co/mari-silva-third-eye-meditation-mp3-spanish/

¡O escanee el código QR!

Índice de contenidos

INTRODUCCIÓN..1
CAPÍTULO 1: INTRODUCCIÓN A LA ASTROLOGÍA VÉDICA.....................3
CAPÍTULO 2: LOS NAVAGRAHAS EN LA ASTROLOGÍA VÉDICA............15
CAPÍTULO 3: RAHU: EL NODO LUNAR NORTE 33
CAPÍTULO 4: KETU: EL NODO LUNAR SUR 44
CAPÍTULO 5: LOS NODOS LUNARES Y LOS NAKSHATRAS....................55
CAPÍTULO 6: LOS NODOS LUNARES EN LAS CARTAS NATALES 66
CAPÍTULO 7: PATRONES KÁRMICOS 78
CAPÍTULO 8: REMEDIOS PARA LOS MALÉFICOS RAHU Y KETU 90
CAPÍTULO 9: CULTO Y REMEDIOS DE NAVAGRAHA.............................100
CONCLUSIÓN 110
GLOSARIO DE TÉRMINOS 112
VEA MÁS LIBROS ESCRITOS POR MARI SILVA 114
SU REGALO GRATUITO...115
REFERENCIAS..116
FUENTES DE IMAGENES 117

Introducción

¿Quiere entender el poder de Rahu y Ketu en la astrología védica? ¿Está buscando maneras de mitigar su efecto? Entonces esta guía es el recurso perfecto.

La astrología védica ya no es sólo una creencia. Ha ganado una gran popularidad mundial con los años por sus predicciones precisas y su eficacia. Como parte de la astrología védica, Rahu y Ketu, los dos planetas sombra, tienen una inmensa importancia debido a su influencia en la vida de las personas. Aunque ambos son planetas en la sombra, su impacto es profundo. Este libro profundiza en Rahu y Ketu, su naturaleza, poder y cómo influyen.

Los dos nodos de la Luna, Rahu y Ketu, son vistos como los planetas más poderosos en la astrología védica. Este completo libro proporciona todo lo necesario para entender su influencia en su vida. Este libro aborda los fundamentos de la astrología védica, Navagrahas (cuerpos celestes), y Nakshatras (mes lunar).

La posición de Rahu y Ketu en su carta natal deciden sus ciclos kármicos. Del mismo modo, la posición de Rahu y Ketu en las diferentes casas de la carta natal determina los retos y beneficios que traerá el camino de su vida. Este libro analiza la posición planetaria de Rahu y Ketu en la carta natal. Además, explica los remedios para los maleficios de Rahu y Ketu y cómo ayudarle a mitigar sus efectos.

El poder de Rahu y Ketu varía según su posición en la carta natal. Si Rahu está posicionado positivamente, trae prosperidad, fama, respeto, lujo y fortuna. Pero, si su posición es adversa, puede causar resultados negativos como problemas de salud mental, enfermedades crónicas y pérdidas económicas. Esta guía le ayudará a identificar las posiciones favorables y desfavorables de Rahu y Ketu.

Por último, este libro trata el culto Navagraha y los remedios que puede utilizar para apaciguar a Rahu y Ketu. Estos remedios son simples pero efectivos, y reducen los impactos negativos de Rahu y Ketu. Comprender las posiciones de Rahu y Ketu en su carta natal le proporcionará una comprensión profunda de sus ciclos kármicos, su trayectoria vital y los retos y oportunidades críticos a los que se enfrentará en esta vida.

Aunque Rahu y Ketu son planetas en la sombra y tienen efectos adversos, si sabe cómo equilibrar sus energías y aprovechar sus energías positivas, podrá comprender mejor su trayectoria vital y obtener valiosos conocimientos sobre su pasado y su futuro. Al final de esta guía, obtendrá una comprensión completa del poder de estos dos planetas sombra.

La antigua sabiduría de la astrología védica y el poder de Rahu y Ketu pueden transformarle positivamente si está dispuesto a explorarlo. Por tanto, siga leyendo para entender la influencia de Rahu y Ketu en la astrología védica.

Capítulo 1: Introducción a la Astrología Védica

La astrología védica es una ciencia milenaria. Es un complejo sistema de interpretación de los movimientos y posiciones de las estrellas y los planetas. Arraigada en la antigua India, la astrología védica se ha popularizado recientemente en todo el mundo, con la búsqueda de un conocimiento más profundo de uno mismo y del lugar que ocupa en el universo. A diferencia de la astrología occidental, que se centra en los signos solares, la védica adopta un enfoque más holístico, examinando toda la carta astral y la interacción entre planetas y constelaciones.

Este sistema permite conocer mejor la personalidad, la trayectoria vital y el destino de una persona. Hay mucha información que descubrir y explorar en este fascinante campo; este capítulo ofrece una visión general de la historia y los orígenes, sus influencias del hinduismo y sus componentes. Discute los símbolos y el simbolismo de los signos del zodiaco y las casas según la astrología védica. Al final de este capítulo, los lectores comprenderán mejor los fundamentos de la astrología védica.

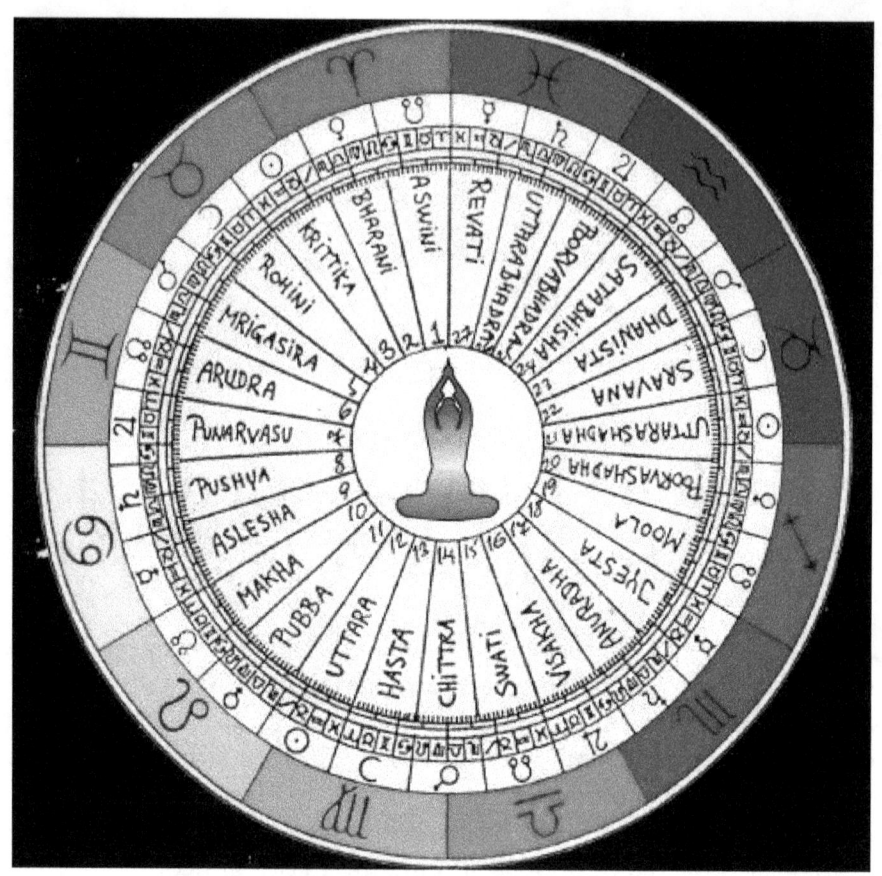
Carta Astrológica Védica[1]

Explorando las diferencias fundamentales entre la astrología védica y la occidental

La astrología es un tema fascinante y complejo que se ha estudiado y aplicado en diversas culturas desde hace siglos. Aunque los principios de la astrología siguen siendo los mismos en los distintos sistemas, el enfoque y la metodología de interpretación de la astrología varían de una cultura a otra. La astrología védica y la astrología occidental son dos sistemas que difieren en su fundamentación. Esta sección explora las principales diferencias entre la astrología védica y la occidental y destaca los puntos fuertes y débiles de ambos sistemas.

Origen e historia

Una diferencia significativa entre estos dos sistemas es su origen e historia. La astrología védica, conocida como *Jyotish*, se basa en las antiguas escrituras hindúes y se practica desde hace más de 5.000 años. Está profundamente arraigada en la cultura india e influida por diversos conceptos filosóficos hindúes. En cambio, la astrología occidental se originó en las antiguas Grecia y Roma y se basa en los movimientos de los planetas y las estrellas. El sistema occidental ha evolucionado, influido por diversos factores culturales y religiosos.

La astrología védica y la occidental tienen sus puntos fuertes y sus puntos débiles. Mientras que la astrología occidental es más precisa en cuanto a los tiempos, la védica proporciona una comprensión más profunda de la vida y el destino de una persona. El sistema védico es mejor para predecir el karma y el destino, mientras que el sistema occidental es más adecuado para analizar situaciones actuales. Además, la astrología védica no se limita a los doce signos del zodiaco, como la occidental. En su lugar, considera la colocación de nueve planetas y veintisiete constelaciones, llamadas Nakshatras. El sistema védico también considera los Bhavas o casas de cada carta.

Sistema Zodiacal

Otra diferencia significativa entre la astrología védica y la occidental es su sistema zodiacal. El sistema occidental sigue el zodiaco tropical, que se basa en la posición del Sol en el momento del nacimiento. Se define por las cuatro estaciones, solsticios y equinoccios. En cambio, el sistema védico utiliza el zodiaco sideral, basado en la posición real de las estrellas. Los signos del zodiaco en la astrología védica están separados unos 23 grados del sistema occidental, lo que a menudo da lugar a una interpretación diferente de la carta natal de una persona. La astrología védica se centra en la posición de los planetas en relación con las estrellas. La astrología occidental se centra más en la relación de los planetas con la Tierra.

Regímenes planetarios

Los regímenes planetarios en la astrología védica y occidental también difieren. En la astrología occidental, cada signo del zodiaco está regido por un planeta en particular. En contraste, la astrología védica asigna el gobierno a las dos luminarias, el Sol y la Luna, incluyendo los dos planetas sombríos, Rahu y Ketu. Por otra parte, mientras que el sistema occidental pone un énfasis significativo en el signo solar, el sistema védico considera la posición de la Luna igualmente importante, si no más. Los Nakshatras en la astrología védica están regidos por planetas particulares, añadiendo otra capa a la interpretación de la carta natal de una persona. Vale la pena señalar que el sistema védico no asigna un planeta a cada casa, como lo hace la astrología occidental.

Técnicas de predicción

Ambos sistemas tienen técnicas predictivas diferentes. Por ejemplo, la astrología védica utiliza un complejo sistema de Dashas, o periodos planetarios, que divide la vida de un individuo en segmentos y analiza las diferentes influencias de los planetas durante esos periodos. Por otro lado, la astrología occidental utiliza diversas técnicas de predicción como los tránsitos, las progresiones y los retornos solares, analizando los movimientos de los planetas y su influencia en la vida de una persona.

La astrología es un tema muy amplio que abarca diversos sistemas, símbolos y técnicas. La astrología védica y la occidental difieren en lo fundamental; sin embargo, proporcionan una valiosa visión de los puntos fuertes y débiles de una persona, así como de su trayectoria vital. La astrología védica ofrece un enfoque más holístico, teniendo en cuenta la influencia de las luminarias y los planetas en la sombra, y utiliza un complejo sistema de periodos planetarios para el análisis predictivo. La astrología occidental, por su parte, se centra en el signo solar y utiliza diversas técnicas predictivas como tránsitos, progresiones y retornos solares.

Desvelando la fascinante historia y los orígenes de la astrología védica

La astrología, el arte de interpretar la relación entre los cuerpos celestes y los asuntos humanos, forma parte de la cultura humana desde hace milenios. Uno de los sistemas de astrología más antiguos y profundos es la astrología védica. Su origen se remonta a los Vedas, los textos sagrados más antiguos del hinduismo. La astrología védica ha guiado a la gente durante siglos y todavía prevalece en la India y otras partes del mundo. Esta sección desvela la fascinante historia y los orígenes de la astrología védica y explora por qué sigue siendo relevante hoy en día.

Orígenes de la astrología védica

El nacimiento de la astrología védica se remonta a los antiguos sabios de la India. Los Rishis creían que la posición y el movimiento de los cuerpos celestes podían influir en la vida humana. Así que estudiaron las estrellas y los planetas durante años y observaron sus efectos en la salud, la riqueza y las relaciones de las personas. Los Vedas constan de cuatro partes: Rigveda, Samaveda, Yajurveda y Atharvaveda. El Atharvaveda hace referencia a la astrología y se cree que es el libro más antiguo sobre astrología. Los Rishis formularon un sistema que podía determinar los momentos favorables y desfavorables para acciones específicas como casarse, viajar o iniciar un negocio. Lo llamaron "Jyotish", o ciencia de la luz.

Estructura y elementos de la astrología védica

La astrología védica tiene reglas, métodos y cálculos únicos. El sistema divide el plano eclíptico en 27 partes iguales, cada una pertenece a un planeta o estrella. Estas divisiones, o Nakshatras, se subdividen a su vez en partes más pequeñas, cada una representada por una deidad. La posición de los planetas en estos Nakshatras y sus movimientos forman la carta del horóscopo. La carta consta de 12 casas, cada una representa un aspecto de la vida humana. El sistema utiliza siete planetas, incluyendo el Sol, la Luna, Marte, Mercurio, Júpiter, Venus, Saturno y los dos planetas sombra, Rahu y Ketu.

La importancia de la astrología védica en la actualidad

La relevancia de la astrología védica hoy en día se puede ver en el creciente interés en todo el mundo. La gente confía en la astrología para obtener información sobre su futuro, orientación situacional, pasión, sexualidad, relaciones y trayectorias profesionales. Los horóscopos se utilizan para comprender mejor una vida en la que la gente siente pérdida o desasosiego. Con una lectura completa del horóscopo, las personas pueden comprender sus necesidades, deseos y talentos. Usted puede aprender más acerca de su personalidad, fortalecer sus relaciones, y mejorar su trayectoria profesional con la ayuda de la astrología védica.

Cómo funciona la astrología védica

La astrología védica examina y analiza el estado kármico y cósmico de una persona, así como su presente, pasado y futuro. Cuanto más intrincados y exactos sean los cálculos basados en los detalles del nacimiento, más precisa será la lectura de la personalidad de una persona y de sus influencias cósmicas. La colocación de los planetas en los Nakshatras y las casas en las que residen tienen implicaciones sustanciales en la naturaleza y la vida del individuo. La astrología védica puede determinar momentos propicios para rituales, nuevos comienzos y decisiones vitales esenciales.

La historia y los orígenes de la astrología védica son fascinantes y muestran cómo la astrología ha arraigado en la cultura humana. Su estructura y sus elementos, complejos pero precisos, han ayudado a innumerables personas a comprender mejor su vida y mejorar su futuro. La relevancia y popularidad de la astrología védica en la actualidad demuestran su importancia en el mundo moderno. Sea creyente o escéptico, comprender la historia y los conceptos de la astrología védica es un viaje fascinante que merece la pena.

La intrincada influencia del hinduismo en la astrología védica

La India es una antigua civilización que contribuyó a desarrollar la antigua práctica de la astrología védica, Jyotish. La astrología védica tiene sus raíces en el hinduismo y es parte integrante de la cultura india. Proporciona una visión de la vida y puede ayudar a las personas a comprender su potencial y sus limitaciones. El hinduismo y la astrología védica están profundamente entrelazados, por lo que entender el hinduismo es crucial para comprender la esencia de la astrología védica. Esta sección discute la influencia del hinduismo en la astrología védica y su significado en la vida de las personas.

Los principios fundamentales de la astrología védica fueron establecidos en el antiguo texto, Brihat Parashara Hora Shastra. Este texto contiene una gran cantidad de conocimientos sobre diferentes aspectos de la astrología védica, incluida la importancia del hinduismo. Según la astrología védica, la vida de cada persona es un viaje determinado por las fuerzas cósmicas y la energía del universo. Por lo tanto, los diversos planetas, constelaciones y sus posiciones pueden influir en la vida de una persona, y el hinduismo es crucial para definir la relación entre estas fuerzas y energía.

La influencia del hinduismo en la astrología védica es evidente en las numerosas deidades y semidioses que se veneran. En la astrología védica, los nueve planetas están asociados a diferentes deidades de la mitología hindú. Por ejemplo, el Sol se asocia con el Señor Surya, la Luna con el Señor Chandra y Saturno con el Señor Shani. Se cree que estas deidades influyen en los planetas, afectando directamente a la vida de una persona.

El hinduismo determina sustancialmente los momentos propicios y desfavorables para diversas actividades. Por ejemplo, según la astrología védica, ciertos planetas favorecen actividades específicas, como casarse, iniciar un nuevo negocio o comprar una casa. Además, festivales como Diwali se celebran según los principios de la astrología védica. Por ejemplo, Diwali celebra el regreso de Rama a Ayodhya tras derrotar al rey demonio Ravana y coincide con los movimientos de los planetas.

Otra forma en que el hinduismo influye en la astrología védica es a través de las prácticas Yagyas o Homas. Yagya es un ritual védico donde las ofrendas se hacen a una deidad específica para invocar sus bendiciones para ayudar a superar los obstáculos en la vida y traer buena fortuna. La astrología védica concede gran importancia a las Yagyas y las considera excelentes para mejorar la vida de una persona. Se realizan en función de las posiciones planetarias en la carta natal, y la deidad se elige para que coincida con el planeta causante del problema.

La intrincada relación entre estas dos prácticas ancestrales es fascinante, y cuanto más se profundiza en ellas, más se observa su interconexión. La astrología védica es una poderosa herramienta que ofrece valiosos conocimientos sobre la vida, y comprender el papel del hinduismo aporta mayor profundidad y significado a estos conocimientos. La astrología ha evolucionado a lo largo de milenios, pero el vínculo entre el hinduismo y la astrología védica sigue siendo fuerte y continúa influyendo en la gente de todo el mundo.

Componentes de la carta astral védica

La carta astral védica, basada en la antigua astrología india, Jyotish Shastra, es un sistema global estudiado, analizado y escrito por expertos durante muchos años. La carta astral védica comprende varios componentes vitales que crean un perfil en profundidad de la personalidad, rasgos, fortalezas y debilidades de un individuo. Esta sección profundiza en los tres elementos principales de la carta astral védica, incluyendo los signos zodiacales, Navagrahas o planetas, y Bhavas o casas.

Signos del Zodiaco o Rashis

La carta astral védica utiliza doce signos zodiacales o Rashis para crear una imagen completa de los rasgos de personalidad de un individuo. Estos signos son Aries, Tauro, Géminis, Cáncer, Leo, Virgo, Libra, Escorpio, Sagitario, Capricornio, Acuario y Piscis. El signo zodiacal de un individuo viene determinado por la posición del Sol y la Luna en el momento del nacimiento. Cada signo tiene rasgos, atributos y tendencias positivas y negativas únicos. Por ejemplo, Aries es conocido por ser testarudo e impulsivo, mientras que Tauro es conocido por ser obstinado y trabajador. Comprender los signos del zodiaco de las personas puede proporcionar una valiosa perspectiva de su personalidad y ayudarles a tomar mejores decisiones en la vida.

Estos signos del zodiaco están relacionados con las deidades hindúes, y cada signo tiene asociado un dios concreto. Por ejemplo, Aries está asociado a Hanuman, Tauro a Varaha y Géminis a Shiva. Conocer las divinidades hindúes asociadas a cada signo le permite comprender mejor su personalidad y el propósito de su vida. Además, el simbolismo y la mitología asociados a cada signo ayudan a las personas a ser más conscientes de su potencial interior y a comprender mejor sus retos.

Navagrahas o planetas

La carta astral védica incluye nueve planetas o Navagrahas: el Sol, la Luna, Marte, Mercurio, Júpiter, Venus, Saturno, Rahu y Ketu. Cada planeta tiene significados y atributos únicos e influye en la vida del individuo. Por ejemplo, Marte representa la agresividad y la acción, Venus el amor y las relaciones, y Saturno la disciplina y el trabajo duro. La posición Navagraha de un individuo al nacer determina sus rasgos de personalidad. Por lo tanto, comprender los Navagrahas ayuda a las personas a tomar decisiones basadas en sus puntos fuertes, sus debilidades y sus características personales.

Si los Navagrahas no están bien alineados, pueden causar problemas en la vida del individuo. Para mejorar esta alineación se toman medidas correctivas especiales, como cantar mantras o llevar determinadas piedras preciosas. Los Navagrahas se asocian con los nueve planetas y las deidades hindúes, al igual que los signos del zodiaco, y comprender esta conexión proporciona una mayor comprensión de la vida. Los Navagrahas son esenciales en la astrología védica, pero su influencia es mucho más compleja y debe estudiarse con más detalle.

Bhavas o Casas

La carta astral védica incluye doce Bhavas o casas, que están interconectadas y representan áreas específicas de la vida de un individuo. El primer Bhava representa el yo, mientras que el duodécimo Bhava representa la liberación o Moksha. El segundo Bhava representa las finanzas, mientras que el séptimo representa el matrimonio y las relaciones de pareja. Cada Bhava es crucial en la vida de un individuo y determina las energías que le rodean. Comprender los Bhavas puede ayudar a los individuos a decidir mejor, planificar su vida y alcanzar sus aspiraciones.

La carta es un poderoso sistema que ofrece una valiosa visión de la personalidad de un individuo y su trayectoria vital. La comprensión de los componentes de la carta astral védica (incluyendo los signos del zodiaco o Rashis, Navagrahas o planetas, y Bhavas (casas)) ayuda a los individuos a entenderse a sí mismos más profundamente y tomar mejores decisiones en la vida. Las personas pueden liberar su potencial utilizando este antiguo sistema y alcanzar la prosperidad, la alegría y la plenitud.

El simbolismo de los signos del zodiaco y las casas según la astrología védica

La astrología ha sido un tema fascinante desde la antigüedad y forma parte integrante de la vida actual. Uno de los aspectos más apasionantes de la astrología es el simbolismo de cada signo y casa del zodíaco. La astrología védica ofrece una visión de las energías cósmicas y de cómo influyen en la vida de las personas. Esta sección explora el simbolismo de cada signo zodiacal y casa según la astrología védica.

Aries (Mesh) - Primera Casa: Aries está representado por un carnero, que simboliza la fuerza, el coraje y el liderazgo. Marte, el planeta de la acción y la energía, lo rige. La primera casa se llama la Casa del Yo y representa la personalidad, el aspecto físico y las características de un individuo. Esta casa se asocia con los nuevos comienzos, la autoexpresión y la independencia. Si está bien aspectada, puede traer suerte y éxito. La primera casa, conocida como *Ascendente o Lagna*, es la más importante de una carta natal, ya que establece el escenario para el resto del gráfico.

Tauro (Vrishabha) - Segunda Casa: Tauro está simbolizado por un toro, que representa la firmeza, la obstinación y la resistencia. La rige Venus, el planeta de la belleza, el amor y el lujo. La segunda casa se asocia con la riqueza, las posesiones y los recursos materiales. Esta casa representa los valores del individuo, su autoestima y su capacidad para acumular riqueza y recursos. Una segunda casa bien aspectada puede aportar estabilidad, abundancia y comodidad.

Géminis (Mithuna) - Tercera Casa: Géminis está representado por gemelos, que simbolizan la versatilidad, la comunicación y la curiosidad. La rige Mercurio, el planeta de la comunicación y el intelecto. La tercera casa está asociada a la comunicación, el aprendizaje y las capacidades mentales. Representa la capacidad del individuo para expresarse, la curiosidad y la sed de conocimiento, y las relaciones con hermanos y amigos íntimos. Una tercera casa bien aspectada puede aportar inteligencia, intuición y claridad.

Cáncer (Karkata) - Cuarta Casa: Cáncer está simbolizado por un cangrejo, que representa las emociones, la sensibilidad y la protección. Está regido por la Luna, el planeta de las emociones y la intuición. La cuarta casa, la Casa del Hogar y la Familia, representa los cimientos emocionales, las raíces y las tradiciones del individuo. Se asocia con la familia, la infancia y la seguridad. Una cuarta casa bien aspectada puede aportar seguridad emocional, fuertes lazos familiares y un sentimiento de pertenencia.

Leo (Simha) - Quinta Casa: Leo está representado por un león, que simboliza la confianza, la creatividad y la autoexpresión. Está regido por el Sol, el planeta de la vitalidad y la autoexpresión. La quinta casa se asocia con la creatividad, la autoexpresión y el placer. Representa la pasión y la creatividad de un individuo, su capacidad para asumir riesgos y mostrar su talento, y sus relaciones con los hijos y la pareja. Una quinta casa bien aspectada puede traer abundancia, alegría y éxito.

Virgo (Kanya) - Sexta Casa: Virgo está simbolizado por una doncella, que representa el sentido práctico, la precisión y la salud. Está regido por Mercurio, el planeta del intelecto y la comunicación. La sexta casa se asocia con la salud, el trabajo y el servicio. Esta casa representa la capacidad de un individuo para ser productivo y organizado diariamente, comprometerse con el servicio y el deber, y mantenerse sano. Una sexta casa bien aspectada puede aportar eficiencia, productividad y salud.

Libra (Tula) - Séptima Casa: Libra está representado por una balanza, que simboliza el equilibrio, la armonía y las relaciones. Venus, el planeta de la belleza y el amor, la rige. La séptima casa se asocia con las relaciones, las asociaciones y el matrimonio. Esta casa representa la capacidad de un individuo para llevarse bien con los demás, las relaciones con sus seres queridos y las cualidades que busca en una pareja. Una casa séptima bien aspectada puede aportar relaciones sólidas, armonía y equilibrio.

Escorpio (Vrishchika) - Octava Casa: Escorpio está simbolizado por un escorpión, que representa la transformación, la muerte y el renacimiento. Marte, el planeta de la acción y la energía, la rige. La octava casa se asocia con la muerte, el renacimiento, la transformación y lo oculto. Esta casa representa la capacidad de un individuo para enfrentarse a cuestiones complejas, una comprensión profunda de los misterios de la vida y el interés por los aspectos misteriosos de la existencia. Una octava casa bien aspectada puede aportar una visión profunda y una transformación personal.

Sagitario (Dhanus) - Novena Casa: Sagitario está representado por un arquero, que simboliza la ambición, la espiritualidad y el aprendizaje superior. La rige Júpiter, el planeta de la expansión y la sabiduría. La novena casa se asocia con la educación superior, los viajes, la filosofía y la religión. Esta casa representa la capacidad de un individuo para ampliar sus horizontes a través de la educación, los viajes y las creencias y valores espirituales. Una novena casa bien aspectada puede aportar sabiduría, conocimiento y comprensión espiritual.

Capricornio (Makara) - Décima Casa: Capricornio está simbolizado por una cabra marina, que representa la ambición, la responsabilidad y la carrera. Saturno, el planeta de la estructura y las limitaciones, la rige. La décima casa se asocia con el empleo, el estatus público y la reputación. Esta casa representa la capacidad de un individuo para triunfar en su campo o profesión y sus cualidades para mostrar liderazgo. Una casa décima bien aspectada puede aportar éxito profesional, respeto y reconocimiento.

Acuario (Kumbha) - Undécima Casa: Acuario está representado por un hombre que vierte agua, simbolizando el humanitarismo, la amistad y la conciencia de grupo. La rige Saturno, el planeta de la estructura y las limitaciones. La undécima casa se asocia con las amistades, las esperanzas y los deseos. Esta casa representa la capacidad de un individuo para construir conexiones sólidas y redes sociales, su capacidad para el idealismo y el altruismo, y las esperanzas para su futuro. Una undécima casa bien aspectada puede aportar éxito social y amistades sólidas.

Piscis (Meena) - Duodécima Casa: Piscis está simbolizado por dos peces, que representan la imaginación, la intuición y la compasión. La rige Júpiter, el planeta de la expansión y la sabiduría. La duodécima casa se asocia con los enemigos ocultos, los secretos y la autodestrucción. Esta casa representa la capacidad de compasión y comprensión de un individuo, su potencial para la imaginación creativa y su vulnerabilidad a la mala fortuna. Refleja el crecimiento espiritual y el conocimiento que buscan. Una duodécima casa bien aspectada puede aportar iluminación espiritual y una fuerte conexión intuitiva con lo divino.

La astrología védica proporciona una comprensión más profunda del simbolismo de cada signo del zodiaco y casa, ofreciendo una visión de la personalidad, los valores y las relaciones. Al explorar estas energías cósmicas, puede entenderse mejor a sí mismo y a los demás, y saber cómo utilizarlas para llevar una vida plena. Tanto si cree en la astrología como si no, puede ser una herramienta para descubrirse a sí mismo y comprender el mundo que le rodea. Así que, la próxima vez que mire a las estrellas, tenga en cuenta su poderoso impacto en la vida de las personas y examine detenidamente el simbolismo de cada signo del zodiaco y de cada casa.

Este capítulo le ha introducido en los fundamentos de la astrología védica y en cómo le influye el hinduismo. Se han analizado los componentes de una carta astrológica védica, incluyendo los signos zodiacales o Rashis, los Navagrahas o planetas, y los Bhavas o casas. Por último, el capítulo profundiza en cada concepto y proporciona una visión general de cada signo del zodiaco y el simbolismo de la casa, de acuerdo con la astrología védica. Con este conocimiento, puede explorar el significado profundo de su carta astral védica y entender mejor la vida y como ésta es afectada por los planetas. Ahora que está armado con esta información, sus decisiones pueden conducirle a una vida más plena.

Capítulo 2: Los Navagrahas en la Astrología Védica

En astrología védica, los Navagrahas son los nueve cuerpos celestes fundamentales en la vida. Cada graha (uno de los nueve planetas de los Navagrahas) representa una energía específica con el poder de influir en las emociones, el comportamiento y el destino. Desde la energía ardiente del Sol hasta la naturaleza reflexiva de Saturno, cada graha ocupa un lugar único en el panorama cósmico. La comprensión de los Navagrahas y su impacto en la vida puede ayudarle a navegar por los giros y vueltas que la vida le depare de forma rápida y elegante.

Todos los apasionados creyentes en el poder de la astrología védica están de acuerdo en que los Navagrahas son parte integral de sus vidas. Este capítulo profundiza en cada uno de los siete planetas para conocerlos mejor. Explora sus antecedentes mitológicos, su simbolismo y sus características. Además, analiza los ciclos y periodos planetarios por los que atraviesa cada planeta y su impacto en la trayectoria vital y las experiencias del individuo. Por último, examina los efectos de las combinaciones planetarias y los aspectos del Navagraha.

El Sol (Surya)

Surya, el Sol Navagraha

El componente esencial de la astrología védica son los Navagraha, los nueve planetas con influencia astronómica y astrológica sobre la vida humana. Esta sección explora el impacto planetario del Sol o Surya, uno de los Navagraha más prominentes y venerados de la tradición védica. Profundiza en el trasfondo mitológico, las características, el simbolismo, los ciclos y periodos planetarios y el impacto en la trayectoria vital de un individuo. Abróchese el cinturón y embárquese en un esclarecedor viaje por la astrología india.

Antecedentes mitológicos

En la antigua mitología hindú, el Sol o Surya se considera la deidad de la verdad, el valor y el poder. Surya es hijo del sabio Kashyapa y de Aditi, la madre de los dioses. Se le considera el padre de Yama, el dios de la muerte, y el maestro del rey de los dioses, Indra. A menudo, se le representa montado en su carro por el cielo, tirado por siete caballos que representan los siete colores del arco iris. La importancia de Surya en el hinduismo queda patente en las numerosas oraciones e himnos que se le dedican, como el Aditya Hridayam, que se recita para pedir salud, prosperidad y éxito.

La importancia de Surya en la cultura védica y la astrología

La importancia de Surya en la astrología védica se manifiesta de numerosas maneras. Surya es la fuente de la vida y el centro del sistema solar. Por lo tanto, se asocia con la vitalidad, la energía y la fuerza de voluntad. Representa el alma (o Jeevatma) y confiere inteligencia, creatividad y cualidades de liderazgo. Surya significa la figura paterna en el horóscopo y rige el signo zodiacal de Leo, gobernando la quinta casa. En la carta astral de un individuo, la posición y la fuerza de Surya determinan el grado de éxito, fama y reconocimiento que puede alcanzar en la vida.

Características y simbolismo

Cada planeta se asocia con características y simbolismo en la astrología védica. Surya es un planeta caliente y temperamental, que representa el elemento fuego. Se le conoce como el planeta Karaka o el planeta que representa un aspecto particular de la vida. Surya significa ego, autoestima y confianza en uno mismo. Surya rige el ojo derecho del cuerpo, el corazón y el sistema digestivo. Clásicamente, Surya se representa con cuatro brazos y sosteniendo un loto, un disco, una caracola y una maza. El loto representa la pureza. El disco indica la luz del conocimiento, la caracola simboliza la victoria y la maza representa la fuerza.

Ciclos y periodos planetarios

Cada planeta tiene un período de tránsito específico en la astrología védica, determinando las diversas fases propicias o desfavorables de la vida de un individuo. El tránsito de Surya a través de múltiples signos zodiacales y casas puede cambiar significativamente la vida. Se cree que Surya está exaltado en el signo zodiacal de Aries y debilitado en el signo zodiacal de Libra. El prolongado Mahadasha de Surya (período significativo) puede traer nombre, fama y riqueza.

Impacto en la trayectoria vital

La posición de Surya en el horóscopo de un individuo en la astrología védica puede determinar su trayectoria vital y sus rasgos de personalidad. La fuerza de Surya en el horóscopo puede evaluar la confianza, el coraje y las cualidades de liderazgo del individuo. Puede indicar su éxito en política, gobierno, finanzas y actividades creativas. La posición débil de Surya puede conducir a diversos problemas relacionados con la salud y a una falta general de vitalidad y energía en la vida.

El Sol o Surya es un Navagraha importante en la astrología védica, que influye en varios aspectos de la vida de un individuo. Representa la fuente de la vida y la energía, la vitalidad y la fuerza de voluntad. La posición y la fuerza de Surya en el horóscopo de un individuo puede determinar su éxito, fama y reconocimiento en la vida. Comprender el papel y el impacto de Navagraha en su horóscopo le ayudará a tomar decisiones informadas y le permitirá disfrutar de una vida más plena y alegre.

La Luna (Chandra)

Chandra, el Navagraha de la Luna'

La astrología védica se ha practicado durante siglos para comprender e interpretar la influencia de los cuerpos celestes en la vida humana. Entre los nueve cuerpos celestes o Navagraha en la astrología védica, la Luna o Chandra es significativo debido a su asociación con las emociones, estados de ánimo y la conciencia. Esta sección explora la mitología, significado, características, simbolismo y ciclos planetarios de la Luna en la astrología védica.

Antecedentes mitológicos

En la mitología hindú, la Luna o Chandra es el hijo del sabio Atri y Anusuya, conocido como Soma, el dios del néctar de la inmortalidad. Según la leyenda, Chandra estuvo casado con las 27 hijas de Daksha, el dios de la creación. Sin embargo, mostró más amor y afecto a Rohini, que era la más bella. Daksha maldijo a Chandra para que padeciera una enfermedad debilitante. Más tarde, el Señor Shiva le dio el elixir de la vida, curándole de la enfermedad, pero también haciendo que creciera y menguara.

El significado de la Luna en la cultura védica y la astrología

La Luna se asocia con la energía femenina, la fertilidad y la creatividad en la cultura védica y se considera el gobernante de la mente, las emociones y los estados mentales. La posición y el movimiento de la Luna en relación con los otros Navagraha influyen en la personalidad, el comportamiento y el destino de un individuo. Gobierna los fluidos corporales y los ciclos menstruales.

Características y simbolismo

La Luna está asociada al elemento agua, y su deidad regente es la diosa Parvati. Representa la esencia de los seres vivos, y su creciente y menguante simbolizan la naturaleza cíclica de la vida, la muerte y el renacimiento. La Luna se caracteriza por su espíritu suave, sensible, emocional y nutritivo, y se asocia con la inteligencia, la memoria y la intuición.

Ciclos y periodos planetarios

La Luna recorre los 12 signos del zodiaco en 27,3 días, lo que se denomina mes lunar o Nakshatra. Cada Nakshatra tiene una energía única, y la posición de la Luna en estos Nakshatras al nacer influye en los rasgos y características de un individuo. La Luna afecta a los ciclos menstruales mensuales de las mujeres, y su posición en la carta astral determina los patrones emocionales, mentales y psicológicos de una persona.

Impacto en la trayectoria vital

La posición de la Luna en la carta natal influye en la naturaleza emocional, las tendencias mentales y la expresión creativa del individuo.

Las personas con una fuerte influencia lunar suelen ser intuitivas, imaginativas, artísticas y empáticas. Son sensibles a las emociones de los demás y tienen estados de ánimo e impresiones fluctuantes. La Luna influye en la relación de una persona con su madre, su familia y su hogar, y es significativa en sus carreras relacionadas con las emociones, la psicología, la sanidad y el arte.

La Luna, o Chandra, es un cuerpo celeste esencial en la astrología védica, y su influencia en la vida humana no puede ser subestimada. Representa la energía femenina y la esencia de la vida. Comprender la posición de la Luna, sus ciclos y su impacto en la carta astral puede ayudar a las personas a navegar por sus emociones, patrones psicológicos y camino vital. Al honrar y alinearse con las energías de la Luna, las personas pueden aprovechar su intuición, creatividad y naturaleza nutritiva y encontrar el equilibrio y la armonía.

Marte (Mangal)

Mangal, el Navagraha de Marte [a]

El sistema Navagraha tiene un significado inmenso en la mitología y la astrología hindúes. Uno de estos cuerpos celestes es Marte, conocido como *Mangal*. Además de ser el dios de la Guerra en la mitología hindú, este planeta tiene un significado y una influencia significativos en la astrología. Esta sección discute los antecedentes mitológicos, el significado en la cultura védica, las características y el simbolismo, los ciclos y periodos planetarios y los impactos en la trayectoria vital de Marte en Navagraha en la astrología védica.

Antecedentes mitológicos

Según la mitología hindú, Marte es hijo de la diosa Tierra y del sabio Kashyap. Es el dios de la Guerra, y se cree que nació con un arma en la mano. Se le conoce por ser feroz, asertivo y agresivo, se le considera amante de las artes y la belleza, y se le asocia con la energía femenina. Marte es el dios que puede hacer que un individuo sea valiente, apasionado y ambicioso para alcanzar metas.

El significado de Marte en la cultura védica y la astrología

Marte o Mangal ocupa un lugar importante en la astrología y la cultura védica. Se considera un planeta beneficioso que puede impulsar a las personas a tener éxito. El planeta es conocido por otorgar energía, vitalidad e inspiración a aquellos que lo buscan. Es el protector del dharma o la rectitud. En la cultura hindú, el martes está dedicado a Marte, y la gente realiza pujas y rituales para buscar las bendiciones del planeta.

Características y simbolismo

Marte es un planeta ardiente que significa coraje, agresividad, pasión y empuje. Este planeta representa la vitalidad, la fuerza y la energía, está asociado al elemento fuego y rige sobre Aries y Escorpio. El planeta está representado en rojo y simbolizado por un círculo con una flecha apuntando hacia arriba y a la derecha. El símbolo representa la dirección ascendente y la fuerza dinámica del planeta.

Ciclos y periodos planetarios

Marte tarda entre 45 y 47 días en transitar por un signo y aproximadamente 1,5 años en recorrer los 12 signos zodiacales. Tiene un periodo retrógrado, cuando parece retroceder, que dura unos 80 días. Marte puede causar más daños que beneficios durante el periodo retrógrado, provocando conflictos, accidentes y lesiones.

Impacto en la trayectoria vital

Marte influye significativamente en la trayectoria vital de una persona, ya que rige la energía, la fuerza y la pasión. Puede hacer que una persona sea valiente, asertiva y ambiciosa. Negativamente, Marte puede hacer que un individuo sea agresivo, impulsivo e inquieto. En astrología médica, Marte está asociado con la cabeza, la sangre y el sistema muscular. Por lo tanto, una aflicción de Marte en la carta astral puede provocar problemas de salud en estas áreas.

Marte o Mangal es un planeta importante en Navagraha en la astrología védica. Este planeta es conocido por otorgar energía, vitalidad e inspiración a aquellos que lo buscan. El planeta es un símbolo de coraje, pasión y fuerza. Gobierna Aries y Escorpio, y el martes está dedicado a él. Conocer las características e impactos de Marte puede ayudar a las personas a aprovechar las energías positivas de este planeta. Pedir bendiciones y realizar pujas por Marte ayuda a las personas a llevar una vida sana y próspera.

Mercurio (Budha)

Budha, el Navagraha de Mercurio'

La astrología védica es conocida en todo el mundo por sus predicciones precisas y métodos que han resistido la prueba del tiempo. Esta sección profundiza en el tercer graha en Navagraha: Mercurio (Budha). Explora su mitología, significado en la cultura védica y la astrología, características, simbolismo, ciclos planetarios y periodos, e impacto en el camino de la vida de un individuo.

Antecedentes mitológicos

En la mitología hindú se cree que Mercurio es hijo de la Luna y de Rohini, una de sus 28 esposas. Según la leyenda, Budha nació como un príncipe que renunció a su posición para convertirse en un destacado intelectual y erudito. En las escrituras se le conoce como el dios de la inteligencia. Su asociación con la educación y el aprendizaje se considera uno de los temas centrales de Mercurio.

El significado de Mercurio en la cultura y astrología védica

Budha es considerado uno de los planetas más críticos en la astrología védica. Tiene un impacto en la capacidad intelectual de las personas, habilidades de comunicación, ingenio y humor. Los nacidos bajo la influencia de este planeta son generalmente elocuentes, inteligentes y de ingenio rápido. Tienen facilidad para aprender y adaptarse a nuevas situaciones.

Características y simbolismo

Mercurio se representa como un hombre joven, musculoso, con bigote y adornado con piedras preciosas. Sostiene una espada y un escudo y está sentado sobre un león. Este planeta está relacionado con la lógica, el razonamiento, la comunicación y el comercio. Es esencial en los negocios y el comercio, y se cree que representa las matemáticas, la ciencia y la investigación.

Ciclos y periodos planetarios

El ciclo planetario de Mercurio dura 88 días en la astrología védica. El planeta está cerca del Sol, y su periodo de tránsito suele variar entre dos semanas y un mes. Se cree que, durante su retrogradación, que ocurre de tres a cuatro veces al año, es mejor evitar tomar decisiones importantes o firmar contratos, ya que la energía del planeta está en su punto más bajo.

Impacto en la trayectoria vital

Un Mercurio fuerte en el horóscopo de una persona significa que probablemente tendrá una carrera de éxito en campos que requieran una excelente comunicación y capacidad analítica. Las personas con un Mercurio débil pueden sufrir contratiempos en su vida profesional, no comunicarse con eficacia o tener problemas de confusión mental. Las personas nacidas bajo la influencia de Budha están bendecidas con reflejos rápidos, mentes agudas y una enorme capacidad para resolver problemas. Además, es el planeta del positivismo, que trae buena suerte y prosperidad a los nacidos bajo su influencia.

Mercurio, o Budha, es un planeta esencial en la astrología védica, ya que desempeña un papel fundamental en el crecimiento intelectual, la capacidad de comunicación y la vida profesional de una persona. El impacto del planeta es crucial para el pensamiento analítico de un individuo y sus habilidades para resolver problemas, convirtiéndolo en un componente esencial de su personalidad. Entender el planeta y sus ciclos ayuda a comprender mejor su importancia en la vida y a navegar por su impacto para desbloquear un crecimiento y unos logros enormes.

Júpiter (Gurú o Brihaspati)

Gurú (Brihaspati), el Navagraha de Júpiter[5]

Júpiter, o Gurú, es uno de los planetas más destacados de la astrología védica. Se le considera el planeta más beneficioso del sistema solar y simboliza la sabiduría, la fortuna y el conocimiento. Esta sección explora el significado de Júpiter en la cultura védica, astrología, características y simbolismo. Profundiza en los ciclos y periodos planetarios y explora su impacto en el camino de la vida de un individuo.

Antecedentes mitológicos

Júpiter está asociado al Gurú, que significa maestro, y a Brihaspati, considerado el sacerdote de los dioses en la mitología hindú. Según la mitología hindú, el planeta nació del sabio Angiras. Júpiter está asociado al dios Chandra. El planeta disipa la oscuridad y la ignorancia y bendice a las personas con sabiduría.

El significado de Júpiter en la cultura védica y la astrología

En la cultura védica, Gurú o Júpiter es considerado como el planeta más influyente y significativo de Navagrahas. Representa el conocimiento, la inteligencia y la espiritualidad. El planeta gobierna el hígado, la glándula pituitaria y el metabolismo de las grasas en el cuerpo. La colocación de Júpiter en el horóscopo de un individuo significa el camino espiritual del individuo y la búsqueda del conocimiento en la astrología védica.

Características y simbolismo

Júpiter se representa como el planeta gigante del sistema solar y aparece como una estrella brillante en el cielo. El planeta se asocia con el color amarillo y la piedra preciosa zafiro amarillo. El símbolo de Júpiter es una media luna situada sobre una cruz, que simboliza la estabilidad y la expansión. La naturaleza de Júpiter se considera benévola y significa crecimiento, conocimiento y evolución.

Ciclos y periodos planetarios

Júpiter tarda unos trece meses en completar su órbita alrededor del Sol. Los ciclos y periodos del planeta influyen profundamente en la trayectoria vital de una persona. Su posición en el horóscopo de un individuo determina su inclinación hacia la espiritualidad, la fortuna, el conocimiento y el crecimiento en general. Júpiter vuelve a su posición original cada doce años, y este periodo se conoce como el "Retorno de Júpiter".

Impacto en la trayectoria vital

Júpiter es conocido como el planeta de la fortuna, y su posición en el horóscopo de un individuo influye en su fortuna. Los individuos con una fuerte influencia de Júpiter son más optimistas, intuitivos y se inclinan hacia búsquedas espirituales. Júpiter significa riqueza, éxito y abundancia. Por el contrario, un Júpiter débil indica falta de dirección, confusión y falta de enfoque en la trayectoria vital del individuo.

Júpiter, o Gurú, es uno de los planetas más importantes de Navagrahas en la astrología védica. Su influencia en un individuo refleja su fortuna, expansión y crecimiento. A través de sus poderosos ciclos y periodos, Júpiter moldea el camino de la vida de un individuo, dirigiéndolo hacia búsquedas espirituales, éxito y abundancia. Comprender el poder de Júpiter crea una vida de crecimiento positivo, cantidad y plenitud.

Venus (Shukra)

Shukra, el Navagraha de Venus*

La astrología, como ciencia, ocupa un lugar destacado en la cultura india desde hace muchos años. En la astrología védica, Venus es crucial para forjar el destino de las personas. Esta sección explora a Venus (Shukra) y su significado en la cultura védica y la astrología.

Antecedentes Mitológicos

En la mitología hindú, Venus está asociada con la diosa de la belleza y el amor, Shukra. Según las leyendas, Shukra era uno de los Ashtadikpalakas (los ocho guardianes de los puntos cardinales) y el Gurú de los Asuras (demonios). Se cree que Shukra fue el responsable de devolver la vida a los asuras después. Más tarde, Shukra se convirtió en uno de los Navagrahas, y Venus pasó a ser su representación astrológica.

El significado de Venus en la cultura védica y la astrología

La cultura védica considera a Venus el planeta del amor, la belleza y el lujo. Rige los placeres materialistas, el arte, la música, la danza y la creatividad. Las personas nacidas bajo la influencia de Venus se sienten atraídas por la estética y poseen personalidades agradables. Venus es el significador o regente de las casas segunda y séptima en astrología. Se considera un planeta benéfico, y su posición y aspectos en la carta astral indican resultados favorables en el amor, las relaciones, las finanzas y la creatividad.

Características y simbolismo

Una hermosa mujer representa a Venus o Shukra, montada en un carro de antílope o loro. Este planeta personifica la feminidad, la belleza, el amor y la caridad. Refleja los instintos del individuo hacia el amor, las relaciones, las posesiones materiales y las actividades creativas. Se dice que Venus tiene un efecto magnético y rige la estética y la atracción. Confiere sensualidad, encanto, gracia y refinamiento, lo que hace que la personalidad de un individuo sea encantadora; la gente suele sentirse atraída por él.

Ciclos y periodos planetarios

Venus completa un ciclo zodiacal en aproximadamente 225 días y permanece en un signo alrededor de un mes. El periodo de Venus se denomina Shukra Dasha en astrología. Durante este periodo, Venus bendice al individuo con felicidad, ganancias materiales y éxito en las relaciones. El Shukra Dasha comienza a la edad de 25 años y su duración es de 20 años. Sin embargo, el período real y los resultados de Shukra Dasha varían dependiendo de la posición de Venus en la carta natal.

Impacto en la trayectoria vital

La posición de Venus en la carta natal influye significativamente en la trayectoria vital de un individuo. Un Venus fuerte y bien situado aumenta su creatividad, habilidades artísticas y ganancias mundanas. Aporta el potencial para una relación sana y armoniosa y una personalidad agradable. Sin embargo, un Venus débil y mal situado puede causar problemas en las relaciones, las finanzas y la salud, lo que lleva a una falta de creatividad y desinterés por la estética.

Como planeta de la astrología védica, Venus tiene un gran significado. Su posición en la carta natal de un individuo influye en varios aspectos de la vida, como el amor, las relaciones, la creatividad y las ganancias mundanas. Entender a Venus y su simbolismo ayuda a navegar los desafíos de la vida y maximizar la influencia favorable del planeta. Venus representa la belleza, el encanto y el lujo en el mundo que le rodea, y comprender su papel le ayudará a aprovechar todo su potencial.

Saturno (Shani)

Shani, el Navagraha de Saturno[7]

El universo está lleno de energía. La ubicación y el movimiento de cuerpos celestes como planetas, estrellas y asteroides afectan significativamente a la vida de las personas. La astrología védica se basa en la colocación exacta de estos objetos cósmicos para estudiar su influencia en la vida de las personas. Uno de los más importantes entre estos cuerpos celestes es Saturno, conocido como *Shani* en la astrología védica. El planeta Saturno tiene un gran significado en la cultura védica y la astrología. Esta sección explica los antecedentes mitológicos y las características de Saturno y explora su impacto en el camino de la vida de un individuo.

Antecedentes mitológicos

Saturno es conocido como Shani Dev, el hijo del Señor Surya o el Señor del Karma, que trae la justicia en la mitología hindú. Se le conoce por su comportamiento estricto y disciplinado y a menudo se le representa como una deidad de piel oscura o azul que porta un arco y una flecha. Según las leyendas, el Señor Ganesha maldijo una vez a Shani Dev, lo que le hizo arrogante y distante con el mundo. Más tarde, fue salvado por el Señor Hanuman y dedicó su vida a servirle.

Significado de Saturno en la cultura védica y la astrología

Saturno simboliza la disciplina, el trabajo duro y el karma en la cultura védica. En astrología, representa la décima casa, que está directamente asociada con la carrera y la vida profesional de una persona. Como Saturno está relacionado con el trabajo duro, se le considera el planeta "Maestro de Tareas", y su influencia puede causar retrasos y dificultades en la carrera de una persona. Saturno es el "Señor del Tiempo", que significa longevidad, madurez y estabilidad.

Características y simbolismo

Los atributos de Saturno son la disciplina, el trabajo duro y la responsabilidad. Se asocia con el elemento aire y se considera un planeta seco y frío. Saturno rige Capricornio y Acuario en la astrología védica. Su símbolo es una *"Gada"* o maza, que representa la fuerza y la masculinidad. Su piedra preciosa es el zafiro azul, que se dice que trae éxito, fama y fortuna a quien lo lleva. El impacto de Saturno en la carta astral de una persona le da firmeza y sentido práctico a su enfoque de la vida.

Ciclos y Periodos Planetarios

Los ciclos de Saturno se encuentran entre los más esenciales y vigilados de la astrología védica. Tarda unos dos años y medio en atravesar un signo zodiacal, por lo que su ciclo se conoce como *"Sade Sati"*. El periodo de Sade Sati es desafiante, ya que la influencia de Saturno puede traer obstáculos y dificultades. Puede ser un periodo de madurez y crecimiento si el individuo es capaz de soportar las pruebas que plantea. Saturno tiene un ciclo de 29 años, conocido como su "retorno" o "Sade Saath", que marca un punto de inflexión importante en la vida de una persona.

Impacto en la trayectoria vital

La influencia de Saturno en la carta natal de una persona se asocia con la disciplina, el trabajo duro y los retos. Conlleva periodos duros, pero también grandes recompensas para quienes pueden soportar sus dificultades. Un Saturno fuerte en una carta significa buenas perspectivas profesionales, ya que promueve la disciplina y la perseverancia en el enfoque de un individuo. Favorece el éxito, la sabiduría y la longevidad. Por el contrario, un Saturno débil trae obstáculos en la carrera y la vida personal del individuo. Se aconseja apaciguar a Saturno realizando rituales y llevando su gema Zafiro Azul para mitigar sus efectos adversos.

Saturno, o Shani, es un planeta de contradicciones. Su influencia puede traer desafíos y obstáculos, pero también promueve el éxito, la madurez y la disciplina. El impacto de Saturno en la carta astral de una persona es seguido de cerca en la astrología védica, y es conocido por recompensar a aquellos que soportan sus dificultades. Llevar la piedra preciosa de Saturno, el zafiro azul, y realizar rituales propiciatorios puede ayudar a frenar sus efectos adversos. Comprender las características, el simbolismo y los ciclos de Saturno es esencial para navegar por su impacto en la trayectoria vital de una persona.

Aspectos y combinaciones planetarios

La astrología puede explicar los patrones del universo y las fuerzas cósmicas que actúan. Ayuda a comprender las combinaciones planetarias y su impacto en la carta astral. La astrología védica sigue de cerca la influencia de los planetas para evaluar su efecto en la trayectoria vital de una persona. Cuando dos o más planetas forman aspectos en una carta natal, crean combinaciones conocidas como *"yogas"*. La presencia de estos yogas en la carta de un individuo puede traer gran fortuna o causar dificultades. Exploremos los aspectos planetarios y las combinaciones de Navagrahas en la astrología védica.

- **El Sol:** El Sol es un planeta ardiente asociado a la vitalidad y el coraje. Se cree que es la fuente de toda la energía de la Tierra y representa el liderazgo y la autoridad. El Sol tiene una influencia positiva cuando se sitúa en la primera o la décima casa. Sin embargo, puede perjudicar la vida de un individuo cuando se sitúa en la octava o duodécima casa.
- **La Luna:** La Luna es un planeta acuático asociado con las emociones y la intuición. Representa la energía femenina e influye en la salud mental y emocional del individuo. La Luna puede influir positivamente cuando se sitúa en la cuarta o sexta casa. Sin embargo, puede causar problemas de salud mental y emocional cuando se sitúa en la octava o duodécima casa.
- **Marte:** Marte es un planeta ardiente asociado a la agresividad, el valor y la fuerza física. Representa la energía masculina y afecta al bienestar físico del individuo. Marte puede influir positivamente cuando se sitúa en la primera u octava casa. Sin embargo, puede causar problemas de salud en el sistema reproductivo cuando se sitúa en la séptima o la duodécima casa.
- **Mercurio:** Mercurio es un planeta terrestre asociado a la inteligencia, la comunicación y la lógica. Representa el pensamiento analítico e influye en la destreza mental del individuo. Mercurio tiene una influencia positiva cuando se sitúa en la segunda o sexta casa. Sin embargo, puede causar problemas de comunicación cuando se sitúa en la octava o duodécima casa.
- **Júpiter:** Júpiter es un planeta aéreo asociado con la sabiduría, la prosperidad y la espiritualidad. Representa al Gurú o maestro e influye en los conocimientos y la riqueza del individuo. Júpiter tiene una influencia positiva cuando se sitúa en la primera o quinta casa. Sin embargo, su presencia en la sexta o duodécima casa puede causar problemas financieros.
- **Venus:** Venus es un planeta acuático asociado con el amor, la belleza y las relaciones. Representa la armonía y la paz e influye en la vida personal del individuo. Venus tiene una influencia positiva cuando se sitúa en la primera o quinta casa. Sin embargo, su presencia en la sexta o duodécima casa puede causar conflictos en las relaciones personales.

- **Saturno:** Saturno es un planeta de aire asociado a la disciplina, el trabajo duro y el karma. Representa la décima casa, directamente asociada con la carrera y la vida profesional de una persona. Como Saturno está relacionado con el trabajo duro, se le considera el planeta "Maestro de Tareas", y su influencia puede causar retrasos y dificultades en la carrera de un individuo.

Los Navagrahas tienen un profundo impacto en la vida de un individuo y pueden influir en su bienestar físico, emocional y mental en la astrología védica. Es esencial consultar a un astrólogo védico para entender los aspectos planetarios de su horóscopo y las combinaciones para llevar una vida plena y feliz. Los Navagrahas representan las fuerzas del universo, y mediante la comprensión y el aprovechamiento de sus energías, un individuo puede tener éxito en todos los aspectos de la vida.

Capítulo 3: Rahu: El Nodo Lunar Norte

El Nodo Lunar Norte es un tema fascinante que ha intrigado a astrónomos y astrólogos durante siglos. Este punto místico del cielo es vital en la astrología hindú, ya que influye en el destino y la personalidad de un individuo. Rahu se asocia a menudo con el engaño, la ilusión y los deseos mundanos, pero también tiene el poder de lograr un gran éxito y fama. Su posición en la carta astral de una persona puede revelar aspectos profundos de su carácter y su trayectoria vital. A pesar de su naturaleza mística, los astrónomos han estudiado a Rahu y han observado sus movimientos y su efecto sobre otros cuerpos celestes.

Rahu sigue siendo una parte enigmática del universo, y su influencia en la vida de las personas continúa inspirando curiosidad y asombro. Este capítulo profundiza en el simbolismo de Rahu, su significado astrológico y sus conexiones con Ketu, el Nodo Lunar Sur. Explora la mitología asociada a Rahu, sus representaciones y sus cualidades. Este capítulo examina por qué a menudo se le considera un planeta maléfico y su gran potencial analizando sus implicaciones astrológicas. En última instancia, este capítulo proporciona una comprensión más profunda del poder y la influencia de Rahu en la vida de las personas.

Rahu

Rahu en la mitología

El papel de Rahu en la mitología hindú es fascinante e intrincado. Este misterioso nodo lunar y su homólogo Ketu son conocidos por su poderosa influencia en nuestra vida y nuestro destino. Esta sección explora el significado de Rahu en la mitología, incluyendo sus representaciones simbólicas, su papel como embaucador cósmico y sus apariciones en otros mitos. Tanto si está familiarizado con la mitología hindú como si no, esta sección le intrigará e iluminará sobre las complejidades de esta entidad celeste.

La cabeza del dragón

En la mitología hindú, Rahu es conocido como la *Cabeza de Dragón* o el *Nodo Lunar Norte* y nació de un hada llamada Sinhika y del rey demonio Viprachitti. En el arte hindú, Rahu es representado como una serpiente sin cuerpo que se traga el Sol o la Luna durante los eclipses. Su aspecto se asocia a menudo con la oscuridad, el caos y el engaño. Según la creencia popular, Rahu es una fuerza maligna que causa confusión e ilusiones. Sin embargo, en algunas culturas, Rahu se considera una fuerza poderosa que representa la transformación y el despertar espiritual, animando a la gente a liberarse de las limitaciones autoimpuestas.

Embaucador cósmico

Rahu también desempeña el papel de embaucador cósmico en la mitología hindú, tejiendo una red de engaños e ilusiones. Es conocido por su habilidad para disfrazarse y manipular las circunstancias para conseguir sus objetivos. Sin embargo, los trucos de Rahu son de doble filo y pueden traer prosperidad o desgracia, dependiendo de las acciones de una persona. La mitología sugiere que la influencia de Rahu es más sustancial durante los eclipses, cuando el Sol y la Luna se alinean y Rahu parece devorarlos. Se aconseja meditar y evitar las decisiones arriesgadas durante esta época.

El papel de Rahu en otros mitos

Además de su legendario papel como cabeza de dragón y embaucador cósmico, Rahu también aparece en varios mitos hindúes. Se le asocia con el rey demonio Bali y la diosa Kali, que representan la ambición, el poder y la transformación. En un relato, Rahu se disfraza de dios para beber el néctar divino y alcanzar la inmortalidad, pero el Sol y la Luna lo desenmascaran y le cortan la cabeza, que se convierte en el nodo lunar norte. Como consecuencia, Rahu jura vengarse de ellos y provoca eclipses que los devoran. En otros mitos, Rahu aparece como un sabio que ayuda a los dioses a luchar contra los demonios.

El papel de Rahu en la mitología hindú es complejo y polifacético, ya que representa la malevolencia y la iluminación. Como entidad celeste, Rahu ejerce una poderosa influencia en la vida de las personas, guiándolas hacia el crecimiento espiritual o llevándolas al engaño. Puede comprender mejor el significado de este nodo lunar en su vida explorando las representaciones simbólicas de Rahu, su papel como embaucador cósmico y sus apariciones en otros mitos. Honre la presencia de Rahu y utilice su energía para trascender sus limitaciones y abrazar la transformación.

Simbolismo de Rahu

El universo está lleno de misterios, y uno de ellos es la astrología. La astrología es algo más que los signos de las estrellas: es una herramienta de orientación, autoconocimiento y superación personal. Todos los planetas y cuerpos celestes desempeñan un papel importante en la vida de las personas y ofrecen valiosas perspectivas. Rahu es un planeta sombrío crucial en la astrología védica. Este misterioso planeta tiene un carácter complejo y encierra un simbolismo significativo.

Ambición y materialismo

Rahu se considera un planeta maléfico, ya que representa la ambición y el materialismo. Simboliza el deseo de tener más, especialmente posesiones materiales. Se asocia con la mentalidad de "nunca es suficiente" y la búsqueda de riqueza y estatus. La influencia de Rahu puede inspirar a las personas a perseguir sus objetivos con entusiasmo y determinación. Sin embargo, también puede hacer que las personas se vuelvan codiciosas, egoístas y materialistas, creando a menudo una ilusión de éxito y felicidad y haciéndoles perseguir sueños inalcanzables. La clave está en equilibrar la ambición con la espiritualidad y centrarse en objetivos significativos que se alineen con sus valores.

Engaño e ilusión

Otro simbolismo de Rahu es el engaño y la ilusión. Rahu es el maestro del disfraz, que puede crear una falsa sensación de realidad. Hace que las personas sean ciegas a la verdad y propensas a las ilusiones. El impacto de Rahu puede manifestarse como autoengaño, manipulación y traición. Su energía puede provocar desconfianza y cinismo, creando discordia entre las intenciones y las acciones. La clave es desarrollar la conciencia, aprender a ver las cosas como son y practicar la honestidad y la transparencia.

El yo en la sombra

El simbolismo más potente de Rahu es el yo en la sombra. Rahu representa los miedos más profundos, los deseos ocultos y las emociones reprimidas de las personas. Simboliza la mente subconsciente y contiene la clave para el autodescubrimiento. La influencia de Rahu puede crear confusión y obligarle a enfrentarse a sus sombras. El trabajo con las sombras es difícil pero esencial para el crecimiento personal y la plenitud. Puede curar heridas, superar miedos y transformar vidas abrazando su yo sombrío.

Rahu es un planeta poderoso con un simbolismo significativo en astrología. Su influencia puede inspirar a las personas a alcanzar la grandeza y crear una ilusión de éxito y felicidad. Comprender el simbolismo de Rahu ayuda a las personas a navegar por su energía y a utilizar su poder para obtener grandes beneficios. Al equilibrar la ambición con los valores espirituales, desarrollar la conciencia y abrazar su yo sombrío, puede transformar su vida y alcanzar su máximo potencial. Deje que esta exploración de Rahu le inspire para profundizar en su conocimiento astrológico y abrazar su camino hacia el autodescubrimiento.

Conexiones y diferencias entre Rahu y Ketu

La astrología es un tema fascinante que ha intrigado a la gente durante siglos. Permite conocer la personalidad y la trayectoria vital en función de la posición de las estrellas y los planetas en el momento del nacimiento. Dos planetas específicos conocidos por su poder e influencia son Rahu y Ketu. Estos dos planetas, el Nodo Norte y el Nodo Sur, tienen una conexión y una diferencia únicas que influyen significativamente en la vida. Esta sección explora el significado compartido, las cualidades contrastantes y los diferentes impactos en la vida que poseen Rahu y Ketu.

Significado compartido

Rahu y Ketu son planetas de los que a menudo se habla simultáneamente en astrología. Comparten el mismo eje y tienen una relación kármica, influyendo de forma más potente en la vida de las personas. Rahu es conocido por su poder y ambición, mientras que Ketu lo es por sus cualidades espirituales y místicas. Juntos, representan el equilibrio entre la riqueza material y la iluminación espiritual.

En la astrología védica, Rahu y Ketu son los planetas sombra, lo que significa que no tienen existencia física. Esto les permite ser más asertivos a la hora de influir en la vida de un individuo. Son planetas transpersonales, lo que significa que afectan a generaciones enteras en lugar de a una sola persona, lo que los hace esenciales a la hora de estudiar acontecimientos sociales, políticos o históricos.

Cualidades opuestas

A pesar de estar conectados, Rahu y Ketu tienen cualidades opuestas que los hacen únicos. Rahu es sombrío y representa las tendencias materialistas, las ilusiones y los deseos mundanos. Anima a las personas a buscar riqueza material y poder, lo que a menudo los lleva a tomar decisiones impulsivas con consecuencias negativas. Este planeta se asocia con el juego, las adicciones y otros vicios.

Por el contrario, Ketu es conocido por sus cualidades espirituales y místicas. A menudo, se asocia con el desapego, la renuncia y la liberación. Anima a las personas a buscar la paz interior y la iluminación espiritual. Este planeta se asocia con la meditación, el yoga y otras prácticas espirituales.

Diferentes impactos en la vida

El impacto de Rahu y Ketu en la vida varía según la carta natal del individuo y su posición planetaria. La influencia de Rahu es fuerte durante sus períodos planetarios, creando altibajos en la vida de un individuo. Puede provocar cambios repentinos, tanto positivos como negativos, y hacer que las personas se vuelvan ambiciosas, motivadas e impulsivas. Su energía puede causar confusión, miedo y ansiedad, lo que lleva a decisiones impulsivas y comportamientos arriesgados.

La influencia de Ketu es más suave y tiene un efecto más lento y constante. A menudo, proporciona una sensación de desapego y anima a las personas a centrarse en su camino espiritual. Aporta introspección y contemplación, lo que conduce a la autorrealización y al despertar espiritual.

Rahu y Ketu tienen conexiones y diferencias que los hacen esenciales a la hora de estudiar astrología. Representan el equilibrio entre la riqueza material y la iluminación espiritual e influyen poderosamente en la vida de un individuo. Aunque comparten el mismo eje y tienen una relación kármica, poseen cualidades opuestas que llevan a la gente a ver que toda moneda tiene dos caras. El poder, la ambición y las tendencias materialistas de Rahu pueden mejorar o arruinar su vida. Por el contrario, las cualidades espirituales y místicas de Ketu pueden ayudar a las personas a centrarse en su camino espiritual hacia la liberación y la autorrealización. Ambos planetas son esenciales y deben estudiarse en profundidad para comprender su impacto en la vida de las personas.

Rahu como planeta maléfico

En la astrología hindú, los nueve planetas se consideran fuerzas divinas que determinan en gran medida la vida de las personas. Sin embargo, de los nueve, un planeta, Rahu, suele considerarse maléfico por su influencia negativa en diversos aspectos de la vida. Rahu es el Nodo

Lunar Norte, conocido por su potencia para crear confusión e incertidumbre. Esta sección trata sobre las razones de la naturaleza maléfica de Rahu, sus efectos adversos en la vida de las personas y cómo neutralizarlos.

Razones de su naturaleza maléfica

La naturaleza maléfica de Rahu se debe principalmente a su interacción con otros cuerpos celestes. Los astrólogos creen que la energía de Rahu es muy potente y, cuando se conecta con otros planetas, forma patrones sólidos que alteran la vida y provocan el caos. Su posición en la carta natal de un individuo es crucial, ya que influye enormemente en su trayectoria vital y sus experiencias. Rahu es conocido por su afinidad con las ganancias materialistas y puede hacer que las personas persigan sus deseos sin descanso, lo que a menudo conduce a la insatisfacción.

Efectos negativos de Rahu

Uno de los efectos adversos más significativos de Rahu es la confusión y el caos en la vida. Debido a su naturaleza maléfica, las personas con Rahu fuerte en su carta natal a menudo luchan con la identidad y la dirección. Sufren diversos cambios y transiciones que les causan angustia y ansiedad. La influencia de Rahu en la salud, las relaciones y la carrera profesional también es evidente. Puede causar trastornos repentinos, cambios inesperados y deseos insatisfechos. Rahu es conocido por causar obstáculos en el crecimiento espiritual.

Neutralizar los efectos negativos

Aunque Rahu se considera un planeta maléfico, no es necesariamente *malo*. Sus efectos adversos pueden neutralizarse y su energía canalizarse positivamente. Una forma es trabajar en su crecimiento espiritual y practicar la atención plena. La meditación, el yoga y otras prácticas espirituales son excelentes para conectar con su yo interior y combatir la confusión y el caos causados por Rahu. Otra forma es trabajar la autodisciplina y fijarse objetivos claros. Puede evitar desilusionarse con deseos interminables canalizando su energía hacia metas específicas.

Otra sugerencia es llevar piedras preciosas como hessonita o gomed, asociadas a Rahu. Estas gemas absorben la energía negativa generada por Rahu y protegen al portador de sus efectos maléficos. Consulte a un astrólogo para encontrar la gema adecuada para su carta astral. Por último, es esencial reconocer y aceptar la energía y las lecciones que ofrece Rahu. En lugar de evitarlo, trabaje en la integración positiva de la energía para alcanzar nuevas metas.

Rahu es una poderosa fuerza celestial que puede provocar caos y confusión en la vida de una persona. Sin embargo, su energía puede canalizarse positivamente comprendiendo su naturaleza maléfica y neutralizando sus efectos adversos. En última instancia, depende de usted utilizar la energía de Rahu para mejorar y crecer. Con esfuerzo, disciplina y conciencia, conviértala en una fuerza de positividad y crecimiento interior que le conduzca hacia la felicidad espiritual y material.

Liberar el potencial positivo de Rahu

En la astrología védica, Rahu es a menudo demonizado como un planeta maléfico que causa caos, destrucción y negatividad. Sin embargo, Rahu posee un fuerte potencial positivo que puede aprovecharse para infundir progreso, innovación y crecimiento. Todo depende de cómo se canalice su energía. Esta sección explora el poder de Rahu y cómo utilizarlo para el bien.

Comprender el poder de Rahu

Rahu es conocido como el planeta de los deseos, las obsesiones y las ambiciones. Representa el mundo material y los deseos mundanos de las personas. Cuando se sitúa positivamente en la carta natal de un individuo, Rahu puede otorgar una tremenda creatividad, inteligencia y la capacidad de pensar con originalidad. La energía de Rahu es intensa y puede ayudarle a liberarse de creencias limitantes y a explorar nuevas vías de crecimiento. Sin embargo, si se deja llevar por sus deseos y obsesiones, podría ser víctima de la adicción, la codicia y la autodestrucción. Por ejemplo, si tiene un Rahu positivo en su carta, puede parecer que tiene una pasión y un impulso infinitos. Pero, para aprovecharlos al máximo, debe centrarse en sus objetivos y evitar perderse en placeres temporales.

Utilizar la energía de Rahu para el bien

La energía de Rahu puede dirigirse hacia actividades productivas y significativas. Puede utilizar el poder de Rahu para innovar, crear y alcanzar la grandeza. Por ejemplo, si tiene un Rahu positivo en su carta astral, puede destacar como empresario, inventor o artista. Podría desarrollar un enfoque láser en su trabajo, sin miedo a asumir riesgos y experimentar con nuevas ideas. La energía de Rahu no sólo tiene que ver con el éxito material; puede elevar la conciencia y profundizar en la práctica espiritual. Utilice el poder de Rahu para liberarse de viejos patrones, soltar traumas del pasado y buscar una sabiduría superior.

Equilibrar la energía de Rahu

Para liberar el potencial positivo de Rahu, debe equilibrar su energía con la de su planeta opuesto, Ketu. Ketu representa el desapego espiritual, la sabiduría interior y el desapego. Cuando la energía de Ketu se integra con la de Rahu, puede utilizar el potencial de Rahu de forma equilibrada y armoniosa. Ketu le ayuda a permanecer enraizado, reflexivo y alineado con su propósito superior. Suelte los apegos materiales y encuentre la paz interior cultivando su conciencia espiritual.

Rahu es un planeta poderoso que puede ser perjudicial y beneficioso. Todo depende de cómo aproveche su energía. Si se da cuenta del potencial de Rahu, lo utiliza para el bien y lo equilibra con la energía de Ketu, podrá dar rienda suelta a su fuerza creativa y alcanzar sus objetivos. Siguiendo la guía de un astrólogo experimentado y siendo consciente de sus deseos y obsesiones, maximizará la energía de Rahu. Utilice la energía de este planeta sabiamente y trascienda a nuevas alturas.

Beneficios astrológicos de Rahu

Imagine tener la capacidad de mejorar el crecimiento de su carrera, traer paz y estabilidad a su vida, mejorar las relaciones, aumentar su confianza y proporcionar crecimiento espiritual, todo a la vez. Puede experimentarlo precisamente comprendiendo los beneficios astrológicos de Rahu, el Nodo Lunar Norte. Rahu es uno de los planetas más poderosos del sistema solar, con una influencia significativa en la vida de las personas. Esta sección profundiza en los cinco beneficios astrológicos más significativos de Rahu y en cómo aprovecharlos para transformar su vida.

Mejora el crecimiento profesional

Rahu está estrechamente relacionado con la fama y el éxito, lo que lo convierte en un planeta maravilloso para el crecimiento profesional. Rahu se asocia con la innovación, el pensamiento no convencional y la ambición. Debido a su naturaleza implacable, la energía de Rahu puede ayudarle a lograr un progreso notable en su carrera. Cuando Rahu es favorable, genera excelentes oportunidades de crecimiento profesional, ascensos y aumentos salariales. Aprovechando la energía positiva de

Rahu, puede aprovechar su potencial para ascender por la escalera del éxito en el campo que elija.

Paz y estabilidad

Rahu tiene una relación única con la Luna, y cuando se coloca en casas favorables, puede aportar estabilidad emocional y paz a la vida de un individuo. Cuando se sitúa en las casas primera, sexta y undécima, Rahu puede aportar crecimiento personal, inteligencia y éxito. Esta energía positiva puede ayudar a las personas a sentirse más conectadas con su yo interior, lo que conduce a una mayor paz interior.

Mejora las relaciones

Rahu puede influir positiva y negativamente en las relaciones. Puede propiciar términos favorables con la pareja, mejorando la calidad de las relaciones cuando se sitúa en la séptima casa y tiene una posición favorable. Bajo la influencia energética de Rahu, las personas pueden experimentar una profunda comprensión, cooperación y apoyo por parte de sus parejas. Cuando es favorable en el horóscopo, Rahu mejora la comunicación y facilita el entendimiento mutuo en las relaciones.

Aumenta la confianza

Rahu está estrechamente asociado con la confianza en uno mismo, el poder personal y el carisma. Cuando Rahu favorece a los individuos en sus horóscopos, se sienten con más poder y confianza en todas las áreas de sus vidas. Rahu puede ayudar a los individuos a superar sus inhibiciones, permitiéndoles dar pasos decisivos y seguros hacia sus objetivos. La energía de Rahu puede dar a los individuos el valor para tomar decisiones audaces y poco convencionales, ayudándoles a alcanzar sus objetivos.

Proporciona crecimiento espiritual

Rahu no sólo tiene que ver con el éxito material y la fama. También influye profundamente en la espiritualidad y el crecimiento personal. La energía de Rahu puede provocar una profunda introspección y experiencias místicas, que conducen al crecimiento espiritual y a la iluminación. Los individuos desarrollan una conciencia espiritual que los lleva a eliminar energías, pensamientos y hábitos negativos cuando Rahu se sitúa en la octava o duodécima casa. La energía de Rahu ayuda a los individuos a comprender mejor el universo y su lugar en él, lo que conduce a un despertar espiritual.

Rahu, el Nodo Lunar Norte, tiene sin duda un impacto poderoso y beneficioso en la vida de las personas. Desde el crecimiento profesional hasta el personal, desde el aumento de la confianza hasta la mejora de las relaciones, la energía de Rahu tiene muchos beneficios astrológicos. Sin embargo, el poder de Rahu puede conducir a situaciones perjudiciales cuando se alinea desfavorablemente. Por lo tanto, es fundamental trabajar con astrólogos expertos para comprender cómo interactúa la energía de Rahu con su horóscopo. Aprovechará el increíble potencial de la energía de Rahu y experimentará enormes beneficios en todos los ámbitos de su vida.

Capítulo 4: Ketu: El Nodo Lunar Sur

Ketu, conocido como el *Nodo Lunar Sur*, es un cuerpo celeste que ha captado la atención de muchas personas a lo largo de la historia. Ketu es una fuerza poderosa en el ámbito de la astrología que representa la liberación espiritual y la iluminación. Como punto opuesto a Rahu, el Nodo Lunar Norte, Ketu se asocia a menudo con el pasado y la liberación del Karma. Crea o no en la astrología, es innegable la intriga y la mística que rodean a Ketu. Su energía y simbolismo han inspirado innumerables interpretaciones y análisis, convirtiéndolo en un tema fascinante para los buscadores de conocimiento.

Este capítulo proporciona una mirada en profundidad a Ketu y su importancia en la mitología hindú, Jyotish Shastra (Astrología Védica), y otras prácticas espirituales. En primer lugar, se hace un breve repaso de Ketu en la mitología hindú, explorando las historias y leyendas asociadas y su papel en el Mahabharata. A continuación, se profundiza en el simbolismo de Ketu, su papel en la astrología y sus efectos en los doce signos del zodiaco. Por último, se analizan las influencias negativas y positivas de Ketu y algunos remedios para superar sus efectos maléficos.

Ketu°

Ketu en la mitología hindú

La mitología hindú está llena de historias y personajes fascinantes que han intrigado a la gente durante siglos. Entre estos personajes se encuentra Ketu, un cuerpo celeste conocido como el *nodo sur de la Luna*. Ketu es un planeta peculiar, ya que no tiene una existencia física, sin embargo, tiene una inmensa importancia en la astrología hindú. Esta sección explica el significado de Ketu en la mitología hindú y explora sus leyendas e historias asociadas.

Leyenda de la Cola del Dragón

La mitología hindú suele llamar a Ketu "la cola del dragón". La leyenda detrás de este nombre se ha transmitido durante generaciones. Una vez, durante la agitación del océano o el Samudra Manthan, apareció un ser celestial que adoptó la forma de un dragón. Este dragón se conoce como *Ketu*. Los dioses y demonios que agitaban el océano estaban aterrorizados por el dragón. El Sudarshan Chakra del Señor Vishnu lo mató. Esta escena se representa en varias formas de arte hindú.

Papel en el Mahabharata

Ketu también se menciona en la epopeya Mahabharata. Durante la Guerra de Kurukshetra, Ketu fue quien salvó a los Pandavas. Ketu era invisible para los Kauravas, por lo que ayudó a los Pandavas atacando en secreto a sus enemigos. Sin embargo, Arjuna, el guerrero de los Pandavas, sintió la presencia de Ketu durante la guerra y disparó una flecha hacia él. El Señor Agni interfirió y ayudó a Ketu, lo que le valió a Arjuna la maldición de que nunca volvería a utilizar su arma divina.

Samudra Manthan

Ketu es vital en Samudra Manthan, ya que el dragón reaparece en este cuento. Durante la agitación del océano, se liberó un veneno tóxico que podía destruir el mundo. El Señor Shiva bebió el veneno con inmenso poder, y Ketu acudió en su ayuda. Debido a Ketu, la garganta de Lord Shiva se volvió azul, lo que le valió el nombre de *Neelkanth*.

Características astrológicas de Ketu

La importancia de Ketu no se limita a la mitología; tiene un gran significado en astrología. Según la astrología védica, Ketu es conocido como un planeta sombra que se cree que daña la carta natal de una persona. Ketu representa cosas experimentadas, buenas o malas, en la vida pasada de un individuo. Indica las áreas de la vida de una persona en las que debe centrarse para crecer y mejorar.

Ketu puede ser un planeta invisible a simple vista, pero es muy importante en la mitología hindú. Las historias y leyendas asociadas son intrigantes y enriquecedoras al mismo tiempo. Desde el Samudra Manthan hasta la Guerra de Kurukshetra, Ketu ha sido profundamente significativo. Su papel en la astrología lo hace aún más crucial, ya que muestra a las personas las áreas que deben mejorar en sus vidas. La Cola del Dragón seguirá fascinando a la gente durante generaciones.

Simbolismo de Ketu

En el Jyotish Shastra, Ketu es un planeta muy conocido con un profundo significado espiritual. Este planeta espiritual tiene el poder de liberar a una persona del ciclo de nacimiento y muerte y hacer que un individuo trascienda el mundo materialista. Un Ketu fuerte en la carta astrológica de un individuo significa orientación espiritual y una visión profunda de los misterios del universo. Esta sección se sumerge en el simbolismo místico de Ketu y desentierra el profundo significado de este planeta en el Jyotish Shastra.

Liberación de la esclavitud terrenal

Ketu posee el poder de romper el vínculo entre un individuo y el mundo materialista. Ayuda a las personas a darse cuenta de que todo lo que ven, hacen y experimentan es temporal y perecedero. Ketu le despierta al hecho de que el logro espiritual es el objetivo último de la vida humana. Un Ketu fuerte en una carta astrológica significa que la persona se esfuerza por crecer espiritualmente, lo que en última instancia conduce a la liberación del ciclo del nacimiento y la muerte. Ketu también ayuda a las personas a obtener poderes sobrenaturales y alcanzar la iluminación.

Significado en el Jyotish Shastra

En el Jyotish Shastra, Ketu está relacionado con el destino, el crecimiento espiritual y la iluminación del individuo. El planeta puede iluminarle sobre el karma de vidas pasadas y sus consecuencias en esta vida. Representa el misticismo, la adivinación y las ciencias ocultas. Una persona con un Ketu fuerte suele poseer una intuición y unas capacidades psíquicas inigualables. Sin embargo, Ketu puede traer negatividad a un individuo, lo que lleva a desafíos de la vida personal y profesional. Un Ketu fuerte en la carta astrológica de un individuo puede causar desgracias y dificultades.

Impacto en el karma

Ketu impacta en el karma de un individuo, o acciones y hechos. Como el alma de un individuo se mueve de una forma de vida a otra, lleva el karma de vidas anteriores. Ketu significa que un individuo debe desprenderse de estos karmas para alcanzar el crecimiento espiritual y la iluminación. Destaca la importancia de vivir en el presente mientras se lucha por el objetivo final. Un Ketu fuerte en la carta astrológica de un individuo indica que la persona está trabajando hacia la desintoxicación del karma y la realización del verdadero propósito del alma.

Navegar por la influencia de Ketu

Ketu afecta profundamente la vida de un individuo con influencias negativas y positivas. Los individuos deben incorporar prácticas espirituales para manejar el impacto de Ketu, incluyendo la meditación, la introspección y la autorreflexión. El camino hacia el crecimiento espiritual y la iluminación requiere sacrificio, paciencia y una vida consciente. Las personas deben evitar las prácticas poco éticas e inmorales que podrían empeorar el impacto de Ketu.

Ketu representa el crecimiento espiritual, la iluminación y la liberación del ciclo del nacimiento y la muerte. Tiene un inmenso significado en el Jyotish Shastra y afecta al karma. El viaje hacia el crecimiento espiritual no es fácil, pero un Ketu fuerte en la carta astrológica de un individuo significa que la persona está en el camino correcto. Comprender el simbolismo místico de Ketu es esencial para canalizar positivamente su influencia. Incorporar a su vida prácticas espirituales y una vida consciente puede ayudarle a aprovechar el poder transformador de Ketu.

El papel de Ketu en la astrología

La astrología es una práctica antigua en la que muchas personas siguen creyendo hoy en día. Un aspecto esencial de la astrología que a menudo se pasa por alto es Ketu, uno de los nueve planetas de este sistema. Ketu es un planeta único, considerado un planeta benéfico y maléfico, dependiendo de su posición e interacción con otros planetas. Entender el papel de Ketu en la astrología puede ayudar a comprender la personalidad, las relaciones y el futuro de un individuo. Esta sección explora la importancia de Ketu en la astrología, sus efectos en los doce signos y su naturaleza maléfica.

La influencia de Ketu sobre los doce signos varía según su posición en la carta natal de una persona. Por ejemplo, si Ketu está en Aries, tendrá un impacto diferente que si está en Tauro o en otros signos. Ketu suele indicar crecimiento espiritual y desapego, y las personas con ubicacioness sólidas de Ketu en su carta astral suelen sentirse atraídas por la espiritualidad. Influye en la intuición y en las capacidades psíquicas, guiando a la persona a través de las experiencias de la vida. Ketu en los diferentes signos afecta a los rasgos de personalidad del individuo.

Conocido por su naturaleza maléfica, Ketu puede provocar cambios repentinos, acontecimientos inesperados y accidentes en la vida de una persona. Puede empeorar los efectos de otros planetas maléficos como Saturno y Marte. Sin embargo, debe recordar que su naturaleza maléfica no es constante, sino que depende del perfil astrológico de cada persona. Para algunas personas, Ketu puede no tener efectos perjudiciales.

Ketu también tiene varias partes del día. Se le considera el regente diurno de Escorpio y el regente nocturno de Sagitario, lo que significa que su influencia es más potente durante estos periodos. Por ejemplo, si ha nacido durante estos periodos y tienes una fuerte posición de Ketu en su carta natal, sentirá con más fuerza el impacto del planeta.

Ketu tiene implicaciones para las relaciones, especialmente las románticas. Simboliza un amor poco convencional y espiritual que no suele ser comprendido por los demás porque Ketu se centra en el camino espiritual, que es diferente de lo que la sociedad considera la norma en las relaciones. Aquellos a quienes Ketu influye en las relaciones suelen contentarse con la soledad y no requieren validación social. Dan prioridad al crecimiento espiritual sobre las ganancias materiales y las expectativas sociales.

Ketu es un jugador esencial en la astrología que la gente a menudo pasa por alto. Comprender la posición de Ketu en su carta astral puede conducirle a una mejor comprensión de sí mismo, de sus relaciones y de su camino espiritual. Los efectos maléficos y benéficos de Ketu están determinados por su interacción con otros planetas y el perfil astrológico de una persona. Al conocer los regímenes de Ketu en diferentes partes del día y su impacto en las relaciones, puede utilizar este conocimiento para tomar decisiones informadas.

Influencias negativas de Ketu

Conocido como el *Nodo Sur*, Ketu es el planeta generalmente asociado con las lecciones kármicas y el crecimiento espiritual. Sin embargo, tiene efectos adversos que podrían perturbar su vida de diversas maneras. Cuando eclipsa a otros planetas, Ketu podría traer contratiempos inesperados, problemas de salud y estrés emocional que disminuyen su capacidad para tener éxito. Esta sección explora algunos impactos negativos críticos del planeta Ketu, incluyendo su efecto adverso en la salud, el impacto perturbador en las relaciones y los obstáculos para el crecimiento profesional.

Efectos adversos sobre la salud

Ketu tiene una influencia notablemente negativa cuando ensombrece el planeta de la salud, haciendo a las personas vulnerables a problemas de salud y enfermedades. El impacto puede ser problemas de salud mental, como depresión, ansiedad, adicción, o dolencias físicas, como dolor crónico, alergias e infecciones. Cuando Ketu eclipsa al planeta asociado con la vitalidad, las personas pueden sentirse aletargadas, faltas de energía y desmotivadas para seguir adelante. Por lo tanto, es esencial vigilar de cerca la salud, ya que la influencia negativa de Ketu podría ser difícil de detectar.

Impacto negativo en las relaciones

Ketu afecta a las relaciones, especialmente a las románticas. La influencia perturbadora de Ketu hace que los individuos se distancien emocionalmente, lo que conduce a una falta de confianza, compromiso y comunicación ineficaz en las relaciones románticas. Se producen malentendidos, discusiones y rupturas. Los individuos pueden ser continuamente incapaces de conectar con la gente o de establecer relaciones significativas. La influencia de Ketu puede provocar soledad y confusión emocional, lo que dificulta la vida.

Obstáculos al crecimiento profesional

Ketu puede perturbar el crecimiento profesional, dificultando la identificación de oportunidades que podrían beneficiar la carrera de una persona. El impacto negativo de Ketu podría causar una falta de claridad en la toma de decisiones, impidiendo los avances profesionales. Además, Ketu ensombrece al planeta asociado con la riqueza, haciendo que una persona sea incapaz de acumular riqueza o recursos. Por lo tanto, es difícil invertir o buscar nuevas oportunidades profesionales que podrían tener un impacto positivo en el bienestar financiero de una persona.

Las personas deben prestar atención a las influencias negativas de Ketu. Su impacto podría manifestarse de varias maneras, como efectos adversos en la salud, impactos perturbadores en las relaciones y obstáculos para el crecimiento profesional. Sin embargo, comprender las influencias negativas de Ketu puede ayudar a los individuos a navegar por la vida y a tomar decisiones más sabias para superar los efectos nocivos del planeta. Buscar orientación espiritual, comprenderse a sí mismo a través de la autorreflexión y practicar el autocuidado son formas prácticas de combatir el impacto negativo de Ketu y vivir una vida más plena.

Influencias positivas de Ketu

Ketu es uno de los planetas más incomprendidos pero poderosos de la astrología védica. A menudo se le llama el "planeta sombra" porque no tiene forma física y es sólo un punto matemático en el horóscopo. Sin embargo, el impacto de Ketu en la vida puede ser significativo, trayendo transformación espiritual, oportunidades de crecimiento y acceso al conocimiento. Esta sección explora las influencias positivas de Ketu en la vida de las personas y cómo puede aprovechar su energía en su beneficio.

Transformación espiritual

Ketu se asocia con la espiritualidad, la iluminación y la liberación. Es el planeta que le ayuda a desprenderse del materialismo y a buscar un propósito más elevado en la vida. Si Ketu está bien situado en su horóscopo, puede llevarle a una transformación y crecimiento espiritual significativos. Las personas con una fuerte influencia de Ketu podrían sentirse muy inclinadas hacia la meditación, el yoga y otras prácticas espirituales. Podrían comprender el mundo más allá de lo que es visible a simple vista.

Oportunidades de crecimiento

Ketu suele considerarse un planeta de desapego y desenlaces. Sin embargo, puede ofrecer oportunidades de crecimiento y transformación. La energía de Ketu puede ayudarle a dejar atrás su pasado y crear espacio para que surjan nuevas posibilidades. Puede liberarle de viejos patrones y creencias que ya no le sirven. Por ejemplo, una fuerte posición de Ketu en su horóscopo puede motivarle a dejar un trabajo o una relación tóxica y perseguir sus verdaderas pasiones, ayudándole a encontrar la paz y la satisfacción a través de una vida sencilla.

Acceso al conocimiento

Ketu es conocido por sus habilidades intuitivas y psíquicas. Es el planeta que ayuda a las personas a acceder al conocimiento más allá de lo que se enseña en las escuelas o los libros de texto. La energía de Ketu puede acercarle a su sabiduría interior y a su intuición, permitiéndole acceder al conocimiento universal. Las personas con una fuerte influencia de Ketu podrían tener un don natural para la adivinación, la astrología, la sanación u otros temas esotéricos. Ketu representa el conocimiento ancestral y la herencia espiritual. Por lo tanto, conectar con la energía de Ketu le permite acceder a la sabiduría de tus antepasados y aprender de sus experiencias.

Ketu puede traer enormes influencias positivas a su vida si aprende a aprovechar su energía. Puede lograr un crecimiento espiritual, crear oportunidades de transformación y acceder al conocimiento universal. Sin embargo, la energía de Ketu puede ser intensa y desafiante. Por lo tanto, es esencial trabajar con un astrólogo experimentado que le guíe a través de los matices de la influencia de Ketu. Comprender y abrazar la energía de Ketu puede liberar todo su potencial y ayudarle a llevar una vida plena.

Remedios Ketu

Un elemento esencial de la astrología védica es la posición de los cuerpos celestes, incluyendo el Sol, la Luna, los planetas y los Nakshatras, en la determinación de la fortuna de un individuo. Ketu influye significativamente en la vida de un individuo, representando la iluminación espiritual y la liberación. Sin embargo, una alineación adversa de Ketu en la carta natal puede causar varios problemas, incluyendo cuestiones financieras, problemas de salud e inestabilidad en la vida personal y profesional. Esta sección explora los remedios para Ketu más eficaces para ayudarle a combatir los efectos adversos de una colocación desafiante de Ketu.

Veneración a Ketu Yantra

Uno de los remedios más potentes y eficaces para Ketu es adorar a Ketu Yantra. Un Yantra es una representación geométrica de una deidad o planeta en particular, que genera energías cósmicas y atrae fuerzas positivas. Un Ketu Yantra debe colocarse en la esquina noreste de la casa u oficina, mirando hacia el norte. Lo mejor es encender incienso y una lámpara mientras se reza al Ketu Yantra. La adoración a Ketu Yantra puede ayudar a aliviar los efectos adversos de Ketu y proporcionar paz mental e iluminación espiritual.

Ayuno los martes

El martes es considerado el día del Señor Hanuman, y ayunar los martes puede beneficiar sustancialmente a un individuo afectado por Ketu. Cuando ayune los martes, coma sólo una vez, preferiblemente durante las horas diurnas. El ayuno ayuda a purificar el cuerpo y la mente, así como a la introspección. Durante el ayuno, se recomienda leer el Hanuman Chalisa y ofrecer oraciones al Señor Hanuman para buscar sus bendiciones para hacer frente a los efectos maléficos de Ketu.

Donación de aceite de mostaza

Otro remedio eficaz para Ketu es donar aceite de mostaza los sábados. Ketu está asociado con el Señor Ganesha, conocido por su afición al aceite. Por lo tanto, la donación de aceite de mostaza puede reducir significativamente el impacto negativo de Ketu en la vida de una persona. Es vital ofrecer el aceite a un sacerdote o donarlo a un templo o a una persona necesitada. Este gesto ayuda a generar Karma positivo y bendice al individuo con beneficios significativos.

Ofrecer plegarias al Señor Shiva

Según la astrología védica, el Señor Shiva es la deidad gobernante de Ketu. Por lo tanto, ofrecer oraciones y realizar pujas al Señor Shiva ayuda a aliviar los efectos adversos de Ketu. Recite el Mahamrityunjaya Mantra mientras realiza la puja para buscar las bendiciones del Señor Shiva para neutralizar los efectos maléficos de Ketu.

Realizar Pariharams

El último remedio de Ketu que puede emprender es realizar Pariharam, un ritual para apaciguar a un planeta en particular. Un astrólogo védico puede guiar a un individuo para realizar el Pariharam apropiado basado en su carta natal. Estos rituales implican la realización de una puja específica, el uso de una piedra preciosa en particular, o la peregrinación a un templo en particular o lugar sagrado. Los Pariharams se consideran los remedios más potentes para cualquier planeta, ya que implican una comunicación directa con el poder divino.

La astrología védica ofrece una gama de remedios y soluciones para ayudar a los individuos a lidiar con los efectos maléficos de una colocación desafiante de Ketu. Los remedios mencionados en esta sección pueden ayudarle a superar obstáculos y encontrar paz, estabilidad y prosperidad. Sin embargo, es crucial buscar la guía de un astrólogo védico para determinar el remedio más efectivo para su caso específico. Puede atraer energía positiva, lograr crecimiento espiritual y vivir una vida plena con los remedios y enfoques adecuados.

Este capítulo ha explorado la mitología de Ketu como planeta sombra asociado a la cola del dragón y su papel en la astrología hindú. Se ha analizado cómo Ketu puede aportar enormes influencias positivas en la vida de las personas, como el crecimiento espiritual, las oportunidades de transformación y el acceso al conocimiento. Se han explorado los remedios más eficaces para Ketu, como adorar a Ketu Yantra, observar el ayuno los martes, donar aceite de mostaza, ofrecer oraciones al Señor

Shiva y realizar Pariharams. Con el enfoque y los remedios adecuados, puede superar los efectos de una posición desafiante de Ketu y vivir una vida plena.

Capítulo 5: Los nodos lunares y los Nakshatras

El estudio de los nodos lunares y los Nakshatras es un viaje fascinante a los misterios del universo. Estos cuerpos celestes encierran la clave para comprender la sabiduría y los conocimientos ancestrales transmitidos de generación en generación. Con un enfoque seguro y apasionado, podrá desvelar los secretos de los nodos lunares y los Nakshatras y explorar su conexión con la vida. Al descubrir el significado y el poder que hay detrás de estos fenómenos celestes, podrá comprender mejor su verdadero propósito y encontrar el equilibrio y la armonía en su interior y en el mundo que le rodea.

Este capítulo le ofrece una visión en profundidad de los Nakshatras, explorando sus asociaciones con deidades específicas, cualidades y características, y su relevancia para la astrología predictiva. Explora la relación entre los nodos lunares y los Nakshatras, analizando cómo influyen Rahu y Ketu en la estrella que ocupan. Por último, este capítulo le ofrece orientación sobre cómo utilizar los Nakshatras para el crecimiento y el desarrollo personal. Así pues, ¡sumérjase en las maravillas de los nodos lunares y los Nakshatras y embárquese en un increíble viaje de autodescubrimiento e iluminación!

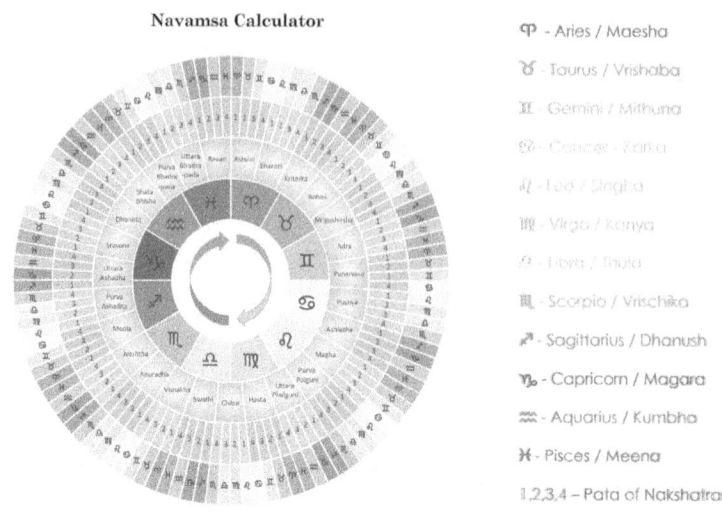

Los Nakshatras son cruciales en la astrología védica, ya que constituyen la base para determinar los horóscopos, las posiciones planetarias y los doshas o desequilibrios kármicos[10]

Comprensión de los Nakshatras

En la astrología hindú, los Nakshatras o mansiones lunares son importantes cuerpos celestes que dividen todo el zodiaco en 27 segmentos. Cada Nakshatra posee una energía y un simbolismo únicos, que influyen de diversas maneras en la vida de las personas. Comprender los Nakshatras es crucial para cualquier persona interesada en la astrología o que busque comprender su destino, personalidad y trayectoria vital. Esta sección explora exhaustivamente la esencia de los Nakshatras, su asociación con las deidades y las cualidades y características que aportan a la vida de las personas.

¿Qué son los Nakshatras?

Los Nakshatras son grupos de estrellas visibles en el cielo nocturno. Corresponden al movimiento de la Luna a través del zodíaco y son esenciales para calcular los momentos propicios para diversas actividades como el matrimonio, el parto y los viajes. Cada Nakshatra ocupa un intervalo de 13 grados y 20 minutos dentro de un signo y se asocia a un sonido, un símbolo y un regente concretos. Los Nakshatras se dividen en tres grupos en función de sus características fundamentales o temperamentos: de fuego, de tierra y de aire. Conocer su Nakshatra puede ayudarle a comprender sus puntos fuertes, sus puntos débiles y sus áreas de crecimiento.

Asociaciones con deidades

Cada Nakshatra está asociado con una deidad, una influencia planetaria y un elemento en particular. Comprender las propiedades de estas asociaciones le ayuda a invocar la energía de su Nakshatra y potencia su crecimiento personal y su evolución espiritual. Por ejemplo, Ashwini, el primer Nakshatra, se asocia con los gemelos con cabeza de caballo de la mitología védica, los Ashwini Kumaras, que simbolizan la curación y el rejuvenecimiento. Revati, el último Nakshatra, se asocia con el Señor Vishnu, el preservador del universo, y bendice a los creyentes con la liberación espiritual y la plenitud.

Cualidades y características

Los Nakshatras tienen cualidades y características únicas que influyen en la vida de muchas maneras. Por ejemplo, Rohini, el cuarto Nakshatra, se asocia con el lujo, la belleza y la sensualidad y otorga prosperidad material y talento artístico a los nacidos bajo él. Anuradha, el decimoséptimo Nakshatra, simboliza la lealtad, el compromiso y un profundo vínculo emocional, y bendice a los creyentes con relaciones duraderas e influencia social.

Impacto en la astrología védica

Los Nakshatras son cruciales en la astrología védica, ya que forman la base para determinar los horóscopos, las posiciones planetarias y los doshas o desequilibrios kármicos. Cada Nakshatra tiene un regente planetario único, determinando su impacto en el camino de la vida de un individuo y su destino. Por ejemplo, Punarvasu, el séptimo Nakshatra, está regido por Júpiter, el planeta de la sabiduría y la expansión, y bendice a los creyentes con prosperidad, conocimiento y crecimiento espiritual.

Aplicación en la vida cotidiana

La comprensión de los Nakshatras ayuda a las personas a afrontar los retos de la vida, aprovechar su genio inherente y tomar decisiones conscientes alineadas con su propósito divino. Conocer su Nakshatra puede identificar sus puntos fuertes y mejorar sus puntos débiles. Utilice la energía divina de su Nakshatra para mejorar sus prácticas espirituales, cultivar un autoconocimiento más profundo y alinearse con su verdadera naturaleza. Tanto si es un principiante o un practicante avanzado de la astrología védica, los Nakshatras tienen la clave para una vida más próspera y plena.

Los Nakshatras ofrecen una profunda visión del cosmos y de su lugar único. Al comprender la esencia de cada Nakshatra, puede aprovechar su potencial divino, sacar partido de los dones inherentes a su personalidad y crear una vida alineada con su verdadero destino. Tanto si busca el éxito material como la iluminación espiritual o la realización emocional, los Nakshatras le proporcionan una hoja de ruta probada a lo largo del tiempo para sortear los retos de la vida y alcanzar su máximo potencial.

Tipos de Nakshatras

Los Nakshatras han tenido una relevancia significativa en la astrología védica desde la antigüedad. "Nakshatra" deriva del sánscrito y significa "una estrella". Se refiere a la posición de la Luna en una de las 27 constelaciones o Nakshatras en el momento del nacimiento. Cada Nakshatra tiene un significado, unas características y un impacto únicos en la vida de una persona. Esta sección trata de los tres Nakshatras: Nakshatras móviles, Nakshatras fijos y Nakshatras de doble naturaleza.

Nakshatras móviles

Los Nakshatras móviles son los primeros nueve Nakshatras, desde Ashwini hasta Ashlesha. Estos Nakshatras significan cambio, movimiento y nuevos comienzos. Los individuos nacidos bajo estos Nakshatras están naturalmente inclinados a hacer cambios y a buscar nuevas oportunidades en la vida. Tienen un espíritu inquieto y un deseo de aventura. Son excelentes líderes, asumen riesgos y toman decisiones. Las personas con Nakshatras móviles suelen ser precipitadas, impulsivas e impacientes.

Nakshatras fijos

Los Nakshatras fijos son los segundos nueve Nakshatras, de Magha a Revati. Estos Nakshatras significan estabilidad, permanencia y determinación. Los individuos nacidos bajo estos Nakshatras tienen una gran fuerza de voluntad y se centran en alcanzar sus objetivos. Son prácticos, disciplinados y pacientes. Suelen tener éxito y ser adinerados. Sin embargo, las personas con Nakshatras fijos pueden ser obstinadas y resistentes al cambio. Pueden caer en una zona de confort y volverse rígidos en su forma de pensar.

Nakshatras de doble naturaleza

Los Nakshatras de doble naturaleza son los últimos nueve Nakshatras, desde Uttarashada hasta Abhijit. Estos Nakshatras mezclan características de Nakshatras móviles y fijos. Los individuos nacidos bajo estos Nakshatras son adaptables, versátiles y equilibrados. Pueden moverse entre ser aventureros y prácticos según la situación. Suelen tener excelentes dotes de comunicación y se les suele dar bien entablar relaciones. Sin embargo, las personas con Nakshatras de doble naturaleza pueden ser indecisas y necesitar ayuda para ceñirse a un plan.

La importancia de comprender los Nakshatras

Comprender los Nakshatras le puede dar una idea de sus tendencias naturales, sus puntos fuertes y débiles y su trayectoria vital. Ayuda a las personas a tomar mejores decisiones vitales y a comprender los aspectos que deben mejorar. Los astrólogos utilizan los Nakshatras para analizar diferentes aspectos de la vida de una persona: relaciones, carreras, finanzas, salud y mucho más. Muchos seguidores de la astrología védica utilizan remedios basados en los Nakshatras para superar retos y mejorar el bienestar general.

Los Nakshatras son aspectos esenciales de la astrología védica, y la comprensión de los mismos da una valiosa visión de la vida de las personas. Los Nakshatras móviles significan cambio y nuevos comienzos, los Nakshatras fijos representan estabilidad y determinación, y los Nakshatras de doble naturaleza encarnan una mezcla de ambos. Conocer su Nakshatra puede aclarar sus tendencias naturales y ayudarle a tomar mejores decisiones en la vida. En la astrología védica, los Nakshatras son una luz guía que ayuda a las personas a llevar una vida feliz y plena.

Significado de los Nakshatras

Cada Nakshatra tiene características únicas, que representan diferentes puntos fuertes y débiles en la vida de un individuo. Se describen en varios textos antiguos, como el Surya Siddhanta, los Vedas y los Puranas, y son fundamentales en la astrología védica. Sin embargo, su importancia va más allá de la astrología. Esta sección profundiza en el significado práctico, astrológico y cultural de los Nakshatras.

Significado astrológico

Los Nakshatras influyen en los rasgos de la personalidad de un individuo, en los acontecimientos de su vida y en su trayectoria profesional. En la astrología védica, cada planeta posee su Nakshatra, que controla sus efectos en el horóscopo. Por ejemplo, si la Luna está en el Nakshatra Rohini, trae abundancia, belleza y fertilidad a la vida de un individuo. Si la Luna está en el Nakshatra Mula, puede traer pérdidas, malestar y desafíos. Los astrólogos utilizan los Nakshatras para predecir el horóscopo de una persona y guiarla hacia su destino.

Significado práctico

Los Nakshatras tienen un significado práctico en muchos aspectos de la vida. Por ejemplo, determinan el momento más propicio para realizar rituales como bodas y ceremonias de bautismo. Cada Nakshatra influye en el calendario de los acontecimientos en función de sus cualidades. Además, se utilizan en Ayurveda para determinar el momento adecuado para tratar distintas dolencias. Las propiedades curativas de las hierbas y plantas en Ayurveda varían en función de la posición de la Luna en el Nakshatra en el momento de la cosecha. El significado práctico de los Nakshatras es evidente en las artes marciales indias, donde las técnicas se desglosan y practican según los distintos Nakshatras.

Significado cultural

Los Nakshatras están estrechamente ligados al patrimonio cultural de la India. Influyen en el nombre de las personas: se tiene en cuenta el Nakshatra de una persona a la hora de elegir un nombre. Los Nakshatras representan a las distintas deidades y personajes mitológicos del hinduismo. Por ejemplo, Krittika Nakshatra representa a Agni, el dios del fuego, y se considera propicio para realizar rituales relacionados con el fuego. En la mitología hindú, cada Nakshatra tiene sus historias y significados y se considera sagrado. El significado cultural de los Nakshatras es evidente en los diversos festivales y rituales de la India.

Los Nakshatras tienen un significado inmenso en la cultura india. Prevalecen en la astrología védica, las artes marciales, el Ayurveda y otros aspectos de la vida. Representan a las distintas deidades del hinduismo y son esenciales en los rituales y festivales culturales. Comprender el significado de los Nakshatras ayuda a apreciar el rico y profundo patrimonio cultural de la India.

Los Nakshatras en astrología predictiva

La astrología existe desde hace siglos, y es por una buena razón. Se trata de mucho más que una pseudociencia o una forma de identificar rasgos de la personalidad. La astrología es una herramienta para guiar a las personas en la vida, ayudarlas a tomar decisiones con conocimiento de causa y a comprenderse mejor a sí mismas y al mundo que las rodea.

Los Nakshatras son un aspecto vital de la astrología, que a menudo se pasa por alto en la astrología occidental.

Los Nakshatras son mansiones lunares en la astrología hindú y ayudan a determinar el destino, el carácter y la trayectoria vital de una persona. Esta sección explora el uso de los Nakshatras en la astrología predictiva para determinar los períodos favorables y desfavorables, analizar los tránsitos actuales y futuros, y hacer predicciones precisas.

Determinación de períodos favorables o desfavorables

La primera forma de utilizar los Nakshatras en astrología predictiva consiste en determinar los periodos favorables y desfavorables, examinando la posición de la Luna en la carta natal e identificando su Nakshatra. Cada Nakshatra tiene cualidades únicas y se asocia con áreas específicas de la vida. Por ejemplo, Rohini Nakshatra se asocia con la riqueza, mientras que Uttra Bhadrapada se asocia con la espiritualidad.

Durante los periodos desfavorables, podría experimentar obstáculos o desafíos relacionados con las cualidades del Nakshatra. Comprender las cualidades del Nakshatra puede prepararle para los momentos difíciles y tomar decisiones informadas en consecuencia. Del mismo modo, durante los periodos favorables, podría experimentar una racha de buena suerte o éxito en áreas relacionadas con el Nakshatra. Si identifica previamente estos patrones, podrá utilizarlos en su beneficio.

Análisis de tránsitos actuales y futuros

La segunda forma de utilizar los Nakshatras en astrología predictiva es analizando los tránsitos actuales y futuros. Los tránsitos son los movimientos de los planetas y los cuerpos celestes que afectan a la vida de las personas, al igual que la posición de los planetas en la carta natal. Comprender las cualidades de los Nakshatras le ayudará a entender cómo le afectan los tránsitos actuales y futuros.

Por ejemplo, supongamos que un planeta está transitando por un Nakshatra asociado a los obstáculos. En ese caso, debe prepararse emocional y mentalmente para afrontar los retos. Del mismo modo, si el tránsito es a través de un Nakshatra asociado con el éxito y la prosperidad, espere un periodo de buena suerte, así que aprovéchelo.

Hacer predicciones basadas en los Nakshatras

La tercera forma de utilizar los Nakshatras en astrología predictiva consiste en realizar predicciones precisas. Se pueden predecir varios aspectos de la vida, como el matrimonio, la carrera y la salud, examinando las colocaciones de los Nakshatras en la carta natal y analizando los tránsitos actuales y futuros.

Por ejemplo, si la Luna de una persona está en el Magha Nakshatra, podría haber un fuerte deseo de reconocimiento y fama. Si un planeta transita por este Nakshatra, podría haber una oportunidad para la fama y la gloria. Sin embargo, podría ser un reto, ya que Magha Nakshatra puede asociarse con el orgullo y la arrogancia.

Desarrollo personal

La cuarta forma en que los Nakshatras pueden utilizarse en astrología predictiva es como herramienta para el desarrollo personal. Comprender las cualidades de los Nakshatras puede ayudar a identificar sus puntos fuertes y débiles para mejorar. Por ejemplo, si la Luna de una persona está en el Nakshatra Revati, puede que sea creativa y empática. Sin embargo, puede tener problemas de indecisión y preocuparse en exceso. Conocer estas cualidades puede ayudar a una persona a trabajar en sus habilidades de toma de decisiones y aprender a gestionar sus preocupaciones.

Los Nakshatras son poderosas herramientas de la astrología predictiva que ayudan a las personas a comprenderse mejor a sí mismas, a tomar decisiones informadas y a realizar predicciones precisas. Al utilizar los Nakshatras para determinar los periodos favorables y desfavorables, analizar los tránsitos actuales y futuros, hacer predicciones basadas en los Nakshatras y utilizarlos para el desarrollo personal, puede tomar las riendas de su vida, sorteando los retos que le surjan con mayor facilidad y claridad. Así que, si está interesado en explorar más a fondo el mundo de la astrología, explore los Nakshatras y descubra las múltiples formas en las que podrá mejorar su vida.

La relación entre los Nakshatras y los nodos lunares

Los Nakshatras se utilizan para crear un mapa celeste que determine las posiciones de las estrellas y los planetas. Los nodos lunares, Rahu y Ketu, son planetas sombra que tienen un impacto significativo en sus vidas. Esta sección explora la relación entre los Nakshatras y los nodos lunares. Explica y proporciona ejemplos de cómo Rahu y Ketu influyen en el Nakshatra que ocupan.

Influencia de Rahu en el Nakshatra que ocupa

Rahu es un planeta maléfico en la astrología védica. Está asociado con las ilusiones, el materialismo y la oscuridad. Cuando ocupa un Nakshatra, puede afectarlo de muchas maneras. Por ejemplo, puede hacer que la persona nacida bajo ese Nakshatra sea ambiciosa y materialista o propensa a tentaciones y adicciones. De ahí que Rahu sea conocido como el planeta de la tentación.

Influencia de Ketu en el Nakshatra que ocupa

Por otro lado, el otro planeta en la sombra, Ketu, se asocia con el crecimiento espiritual, la liberación y el desapego. Cuando ocupa un Nakshatra, puede hacer que la persona nacida bajo él sea desapegada, reservada y espiritual. Sin embargo, demasiada influencia de Ketu en un Nakshatra puede hacer que la persona sea antisocial, reservada y retraída. Por lo tanto, la colocación de Ketu en un Nakshatra es compleja y debe analizarse cuidadosamente.

Ejemplos de cómo afectan los nodos lunares a los Nakshatras

Los nodos lunares son esenciales en la vida de las personas porque están relacionados con el karma y el destino. La posición de los nodos lunares en una carta indica los retos y las lecciones que hay que aprender en esta vida.

Estos son algunos ejemplos de cómo los nodos lunares influyen en los Nakshatras. Si Rahu se sitúa en Krittika Nakshatra, puede hacer que la persona se vuelva ambiciosa y ávida de poder, lo que provocará conflictos y desafíos. Si Ketu se sitúa en Revati Nakshatra, puede hacer que la persona sea espiritual y desapegada o antisocial y reservada.

La relación entre los nodos lunares y los Nakshatras es esencial para la astrología védica. La posición de los nodos lunares en una carta y los Nakshatras que ocupan pueden indicar retos críticos, lecciones y oportunidades en esta vida. Por lo tanto, es esencial comprender el impacto de estos planetas en la sombra en sus vidas y analizar su ubicación cuidadosamente para sacar el máximo provecho de ellos.

Utilizar los nakshatras en su vida

Los Nakshatras, o estrellas natales, han sido esenciales para la astrología hindú y la cultura védica durante siglos. Existen constelaciones específicas que revelan información importante sobre su personalidad, sus puntos fuertes y los retos de su vida. Al comprender su estrella natal y utilizar sus energías únicas, puede encontrar mayor armonía, equilibrio y realización en todos los aspectos de su vida. Esta sección explora el poder de los Nakshatras y cómo pueden mejorar su vida.

Cómo determinar su estrella natal

El primer paso es determinar su estrella natal conociendo su hora, fecha y lugar de nacimiento. Con esta información, puede utilizar calculadoras en línea o consultar a un astrólogo para descubrir su Nakshatra. Cada Nakshatra tiene energías únicas, planetas regentes y deidades asociadas. Algunos Nakshatras se consideran más favorables que otros, dependiendo de su carta astral y de las circunstancias de su vida. Al comprender las cualidades y características de su Nakshatra, obtendrá información valiosa sobre su personalidad y su trayectoria vital.

Encontrar parejas compatibles

Otra poderosa forma de utilizar los Nakshatras es para encontrar parejas compatibles en el amor y el matrimonio. Ciertos Nakshatras son considerados más compatibles con otros en la astrología védica, que está basada en sus planetas regentes y cualidades elementales. Conociendo su Nakshatra y su pareja potencial, puede entender mejor su compatibilidad y los desafíos potenciales en una relación. Podrá tomar decisiones más informadas y construir relaciones más sólidas y armoniosas.

Mejorar su vida con los Nakshatras

Más allá del amor y de las relaciones, los Nakshatras pueden mejorar varios aspectos de su vida. Cada Nakshatra está asociado a cualidades y energías diferentes. Al conocerlos, puede aprovechar su poder para lograr un mayor equilibrio y armonía. Por ejemplo, supongamos que tiene problemas de confianza en sí mismo o bloqueos creativos. En ese caso, puede trabajar con las energías del Rohini Nakshatra asociadas a la creatividad, la abundancia y la sensualidad. Si necesita más estabilidad y arraigo, trabaje con las energías de Uttara Phalguni Nakshatra, asociadas a la paz, la fuerza y el sentido práctico.

Tomar decisiones personales con los Nakshatras

Utilizando los Nakshatras, puede tomar decisiones más fundadas sobre su vida personal y profesional. Comprender las energías y cualidades de los distintos Nakshatras le permitirá elegir el mejor momento y enfoque en diversas situaciones. Por ejemplo, si planea iniciar un nuevo proyecto o negocio, consulte a un astrólogo para determinar qué Nakshatra es más favorable para comenzar nuevas empresas. Si se enfrenta a una decisión difícil o a un obstáculo, medite sobre las cualidades de su estrella natal y busque orientación en su interior.

Encontrar la fuerza en su estrella natal

Una de las formas más poderosas de trabajar con los Nakshatras es cultivar una conexión más profunda con su estrella natal. Al comprender y abrazar las cualidades y energías asociadas con su Nakshatra, puede aprovechar sus fortalezas y cualidades innatas. Por ejemplo, si ha nacido bajo el Nakshatra Vishakha (asociado con el aprendizaje, la exploración y el crecimiento), puede centrarse en alimentar su curiosidad natural y su amor por el conocimiento. Supongamos que ha nacido bajo el Nakshatra Purva Bhadrapada, asociado a la espiritualidad, la intuición y el misticismo. En este caso, explore prácticas como la meditación, el yoga o las enseñanzas espirituales que se alineen con estas energías.

Meditación y rituales Nakshatra

Para aprovechar plenamente el poder de los Nakshatras en su vida, incorpore prácticas de meditación y rituales a su rutina diaria. Diversos mantras, meditaciones y ofrendas específicos de Nakshatra pueden ayudarle a conectar con las energías y cualidades de su estrella natal y a encontrar más equilibrio y armonía. Por ejemplo, realice una meditación diaria en la que visualice a su estrella natal y su deidad asociada y céntrese en encarnar sus cualidades. Podría realizar ofrendas o rituales para honrar a su estrella natal y buscar sus bendiciones en diversas áreas.

Los Nakshatras son una poderosa herramienta para el autodescubrimiento, el crecimiento y la transformación. Comprendiendo a su estrella natal y trabajando con sus energías únicas, puede encontrar más equilibrio, armonía y plenitud. Tanto si busca el amor, el éxito o la paz interior, los Nakshatras pueden proporcionarle una valiosa visión y orientación para ayudarle en su viaje. Así que, aprenda sobre su estrella natal y explore las infinitas posibilidades de esta antigua sabiduría védica.

Capítulo 6: Los nodos lunares en las cartas natales

Los nodos lunares son un aspecto fascinante para explorar en las cartas natales. Cada individuo posee un conjunto único de nodos, por lo que los conocimientos que se obtienen al analizarlos pueden ser increíblemente reveladores. El Nodo Norte representa el propósito de su alma y el camino para alcanzarlo. El Nodo Sur indica los rasgos y hábitos de vidas pasadas. Al aprovechar la energía de nuestros nodos planetarios, podemos comprender mejor nuestro destino y trabajar para alinearnos con él.

Este capítulo pretende ofrecer una visión en profundidad de las diferentes posiciones de los nodos lunares en una carta astral. Comprenderá sus energías examinando su posición en relación con otros planetas, casas y signos. Además, dado que se cree que los tránsitos a los nodos son increíblemente potentes, este capítulo le muestra cómo calcular su eje nodal para rastrear fechas importantes. Tanto si es un astrólogo experimentado como si acaba de empezar a sumergirse en el análisis de cartas natales, los nodos lunares son una visita obligada. Prepárese para dejarse sorprender por la sabiduría que encierran.

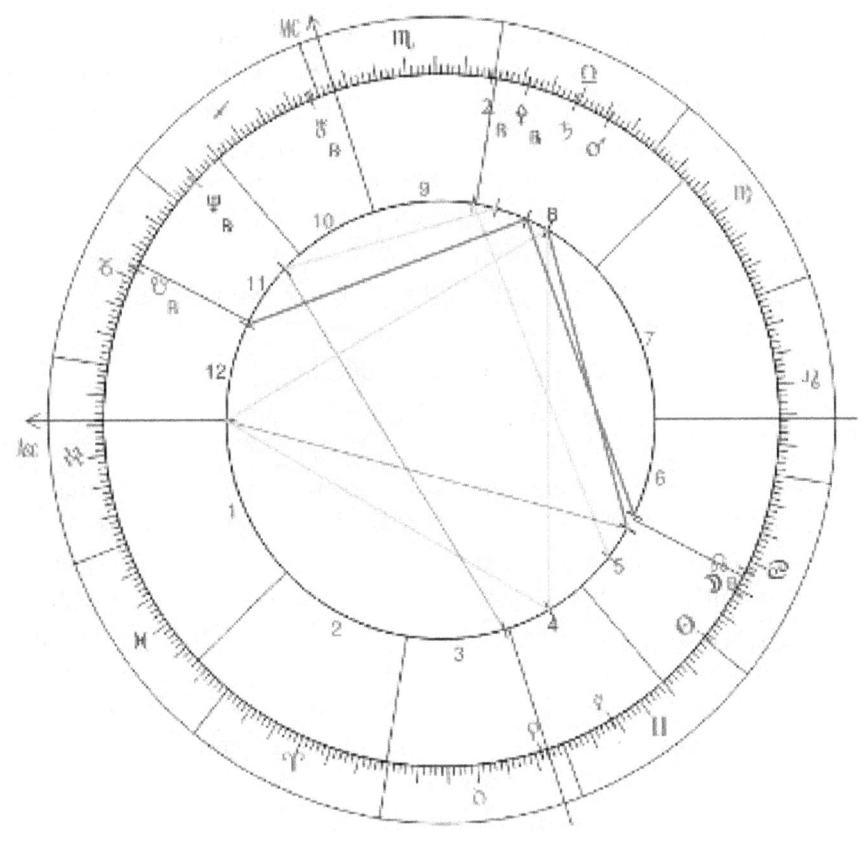

Ejemplo de carta natal[11]

Posición de los nodos lunares en la carta natal

¿Se ha preguntado alguna vez qué significan los nodos lunares de su carta astral? Algunas personas pasan por alto estos puntos celestes, pero tienen un significado y un simbolismo importantes en astrología. El Nodo Norte y el Nodo Sur representan su destino y sus vidas pasadas, respectivamente. Comprender sus posiciones puede ayudarle a conocer el propósito de su vida y su evolución. Esta sección profundiza en el significado de los nodos lunares, cómo interpretar su colocación en la carta astral y los efectos de un eje nodal. Exploremos el místico mundo de los nodos lunares.

Comprender el significado de los nodos lunares

Antes de interpretar las posiciones de los nodos lunares, debe comprender su significado. En astrología, el Nodo Norte representa su dirección futura, la misión de su alma y su potencial de crecimiento. El Nodo Sur simboliza sus vidas pasadas, talentos y patrones kármicos. Juntos, estos puntos celestes forman un eje nodal que revela el propósito de su vida y las áreas que requieren crecimiento y transformación espiritual. Mientras que el Nodo Norte se asocia a experiencias beneficiosas, el Nodo Sur representa zonas de confort que podrían impedirle cumplir su destino.

Interpretación del Nodo Norte y del Nodo Sur

Para conocer las posiciones del Nodo Norte y del Nodo Sur es necesario calcular la carta natal. Las posiciones del Nodo Norte y del Nodo Sur son opuestas y cada una cae en un signo astrológico y una casa específicos. El signo y la casa del Nodo Norte representan su nuevo camino potencial, mientras que el signo y la casa del Nodo Sur apuntan a sus experiencias y talentos pasados. Por ejemplo, si su Nodo Norte está en Aries y en la décima casa, es posible que se sienta impulsado a seguir una carrera empresarial o una posición de liderazgo en su campo. Por el contrario, si su Nodo Sur está en Libra y en la cuarta casa, es posible que le cueste equilibrar su vida familiar y profesional, ya que sus experiencias vitales pasadas dan prioridad a la armonía y la paz.

Análisis de los efectos de un eje nodal

Cuando las posiciones del Nodo Norte y del Nodo Sur forman un eje nodal, se experimentan períodos de crecimiento y desafíos relacionados con el destino y las vidas pasadas. Un retorno nodal (cuando el Nodo Norte en tránsito alcanza la posición de su Nodo Norte natal) puede ser un momento crucial de autodescubrimiento, despertar espiritual y transformación. Es cuando siente una atracción hacia nuevos intereses, personas y oportunidades que se alinean con el propósito de su vida. Sin embargo, una oposición nodal (cuando el Nodo Norte en tránsito se opone al Nodo Sur natal) puede causar conflictos internos, miedos y desafíos que bloqueen su crecimiento espiritual. En estos momentos, debe enfrentarse a su bagaje de vidas pasadas y abandonar los viejos patrones que le impiden avanzar.

Exploración de los tránsitos a los nodos

Los planetas en tránsito afectan a sus nodos lunares, desencadenando acontecimientos y lecciones que se alinean con su eje nodal. Cuando el planeta se conjuga o sitúa su Nodo Norte o Sur, activa el eje nodal, trayendo oportunidades o desafíos alineados con su destino y vidas pasadas. Por ejemplo, cuando Plutón en tránsito se sitúa en cuadratura con su Nodo Norte natal, es posible que experimente un cambio profundo en su trayectoria profesional o vital, en consonancia con la misión de su alma. Pero cuando Saturno en tránsito se opone a su Nodo Sur natal, podría enfrentarse a obstáculos y limitaciones relacionados con sus patrones de vidas pasadas.

Cálculo del eje nodal

Calcular su eje nodal es fácil. Puede generar su carta natal gratuitamente en línea o consultar a un astrólogo para un análisis en profundidad. Sin embargo, interpretar su eje nodal requiere autorreflexión y conciencia espiritual. Entender que su Nodo Norte no es una solución rápida a los retos de su vida, sino una búsqueda permanente hacia un propósito y la plenitud, es esencial. Puede alinearse con su máximo potencial y manifestar sus sueños abrazando la misión de su alma y liberándose de su pasado.

La posición de los nodos lunares en su carta natal aporta valiosa información y simbolismo sobre el propósito y la evolución de su alma. Puede entender mejor su viaje vital y su camino espiritual comprendiendo el significado de los nodos lunares, interpretando sus posiciones, analizando sus efectos, explorando sus tránsitos y calculando su eje nodal. El eje nodal representa un viaje hacia el crecimiento espiritual, la conciencia y el propósito. Abrace la llamada de su alma y cumpla su destino.

Nodos lunares y otros planetas

Los nodos lunares son los puntos en los que la órbita de la Luna se cruza con la órbita de la Tierra alrededor del Sol. Los nodos lunares, el Nodo Norte y el Nodo Sur, son esenciales en astrología, ya que representan las energías kármicas de sus vidas pasadas y su destino en esta vida. Esta sección explora cómo los nodos lunares interactúan con los planetas y cómo sus conjunciones, tránsitos y aspectos afectan a su vida y a su carta natal.

1. **Sol:** Cuando los nodos lunares se alinean con el Sol, esto puede indicar un momento de destino y propósito en la vida de las personas. El Nodo Norte se asocia con la trayectoria vital y el Nodo Sur con el karma pasado. Una conjunción entre el Nodo Norte y el

Sol puede significar crecimiento y desarrollo, mientras que una conjunción entre el Nodo Sur y el Sol puede representar la liberación de viejos patrones o hábitos. Un tránsito del Nodo Norte sobre el Sol en la carta natal se considera un momento importante de manifestación y éxito. Por el contrario, un tránsito del Nodo Sur sobre el Sol puede indicar la liberación del ego y de los deseos mundanos.

2. **Luna:** Como los nodos lunares están directamente conectados con la órbita de la Luna, influyen fuertemente en las emociones y el subconsciente. Una conjunción entre el Nodo Norte y la Luna puede representar crecimiento emocional y desarrollo espiritual. También puede traer nuevas conexiones y relaciones esenciales. Por otro lado, una conjunción entre el Nodo Sur y la Luna puede representar la curación emocional y la liberación de heridas y traumas del pasado. Un tránsito del Nodo Norte sobre la Luna puede traer plenitud emocional y crecimiento, mientras que un tránsito del Nodo Sur sobre la Luna puede traer emociones reprimidas o desapego.

3. **Mercurio:** Como planeta de la comunicación, Mercurio tiene una sólida conexión con los nodos lunares. Una conjunción entre el Nodo Norte y Mercurio puede indicar crecimiento intelectual y éxito en la comunicación. También puede traer nuevas ideas y oportunidades. Una conjunción entre el Nodo Sur y Mercurio puede representar la revisión de viejas ideas o patrones de comunicación que necesitan ser liberados. Un tránsito del Nodo Norte sobre Mercurio puede traer avances intelectuales y éxito en la comunicación. Por el contrario, un tránsito del Nodo Sur sobre Mercurio puede traer desafíos de comunicación o dejar ir ciertas creencias.

4. **Venus:** Como planeta del amor y las relaciones, Venus está fuertemente conectado con los nodos lunares. Una conjunción entre el Nodo Norte y Venus puede indicar plenitud romántica y nuevas relaciones. También puede traer abundancia financiera y éxito artístico. Una conjunción entre el Nodo Sur y Venus puede liberar viejos patrones de relación o hábitos financieros. Un tránsito del Nodo Norte sobre Venus puede traer nuevos amores y oportunidades económicas, mientras que un tránsito del Nodo Sur sobre Venus puede traer desafíos en el amor o pérdidas financieras.

5. **Marte:** Como planeta de la acción y la motivación, Marte tiene una sólida conexión con los nodos lunares. Una conjunción entre el Nodo Norte y Marte puede indicar inspiración e impulso hacia el propósito y los objetivos de su vida. También puede traer nuevas oportunidades de liderazgo y éxito. Una conjunción entre el Nodo Sur y Marte puede liberar viejas frustraciones o patrones de ira que le frenan. Un tránsito del Nodo Norte sobre Marte puede traer éxito en la carrera y metas personales, mientras que un tránsito del Nodo Sur sobre Marte puede traer desafíos en motivación y energía.

6. **Júpiter:** Júpiter representa la expansión, el optimismo y el crecimiento. Cuando está en conjunción con los nodos lunares, amplifica los efectos del Nodo Norte, proporcionando una oportunidad para el crecimiento espiritual y personal. El tránsito de Júpiter sobre el eje nodal puede señalar progresos y éxitos significativos. Del mismo modo, el sextil o trígono de Júpiter con los nodos natales puede traer buena fortuna y abundancia. Sin embargo, si Júpiter está en cuadratura u oposición con los nodos, puede indicar excesos, indulgencia y falta de moderación.

7. **Saturno:** Saturno representa la disciplina, la responsabilidad y las limitaciones. Amplifica los efectos del Nodo Sur en conjunción con los nodos lunares, promoviendo la introspección, la organización y la autodisciplina. El tránsito de Saturno sobre el eje nodal puede señalar retos y crecimiento significativos. Del mismo modo, el sextil o trígono de Saturno con los nodos natales puede aportar un mayor propósito y responsabilidad. Sin embargo, si Saturno está en cuadratura u oposición a los nodos, puede indicar dudas sobre uno mismo, miedo y falta de confianza.

8. **Urano:** Urano representa el cambio, la innovación y la independencia. Amplifica los efectos del Nodo Norte cuando está en conjunción con los nodos lunares, proporcionando una oportunidad para la transformación radical y el autodescubrimiento. El tránsito de Urano sobre el eje nodal puede ser señal de agitación e imprevisibilidad. Del mismo modo, el sextil o trígono de Urano con los nodos natales puede traer consigo repentinos avances y percepciones. Sin embargo, supongamos que Urano está en cuadratura u oposición con los nodos. En ese caso, puede indicar rebelión, inquietud y falta de estabilidad.

9. **Neptuno:** Neptuno representa la espiritualidad, la creatividad y la ilusión. Amplifica los efectos del Nodo Sur en conjunción con los nodos lunares, promoviendo la introspección, la expresión artística y la sanación emocional. El tránsito de Neptuno sobre el eje nodal señala un crecimiento y una conexión espirituales significativos. Del mismo modo, el sextil o trígono de Neptuno con los nodos natales puede aportar un aumento de la intuición y la empatía. Sin embargo, si Neptuno está en cuadratura u oposición con los nodos, puede indicar confusión, delirio e inestabilidad emocional.

10. **Plutón:** Plutón representa la transformación, el poder y la regeneración. Amplifica los efectos del Nodo Norte cuando está en conjunción con los nodos lunares, proporcionando una oportunidad para la transformación profunda y el renacimiento. El tránsito de Plutón sobre el eje nodal señala crisis y renovación significativas. Del mismo modo, el sextil o trígono de Plutón con los nodos natales puede aportar un intenso crecimiento y fortalecimiento personal. Sin embargo, si Plutón está en cuadratura u oposición con los nodos, puede indicar manipulación, obsesión y control.

En astrología, estudiar la ubicación de los planetas es esencial para obtener información sobre la vida de las personas, incluido el destino, la misión del alma y las lecciones kármicas. Los nodos lunares brindan una visión única del crecimiento espiritual y personal, particularmente cuando examinan su relación con otros planetas. Puede obtener mayor claridad y conciencia del camino de su vida y su destino si comprende cómo Júpiter, Saturno, Urano, Neptuno y Plutón interactúan con los nodos lunares.

Nodos lunares y casas

La astrología siempre ha intrigado a la gente desde tiempos inmemoriales. La ciencia de la astrología se originó hace miles de años. Esta ciencia se basa en ciertas posiciones planetarias que influyen en el comportamiento, el pensamiento y las acciones humanas. Una posición planetaria crucial son los nodos lunares. Los nodos lunares, o Nodos Norte y Sur, se calculan tomando el punto de intersección de la órbita de la Luna y la eclíptica. En astrología, los nodos lunares son importantes para comprender el karma, el propósito de la vida y el crecimiento del alma. Esta sección explora los nodos lunares relacionados con las casas.

1. **Primera Casa:** El Nodo Norte en la primera casa significa nuevos comienzos, autodescubrimiento y autoexpresión. Esta posición indica que los individuos deben centrarse en su individualidad, asumir riesgos y confiar en sus instintos. El Nodo Sur en la primera casa significa que los individuos deben liberar su dependencia de los demás y de su ego y concentrarse más en desarrollar su personalidad.
2. **Segunda Casa:** El Nodo Norte en la segunda casa significa estabilidad financiera, autoestima y seguridad. Esta posición indica que los individuos deben crear una base estable y prosperidad material. El Nodo Sur en la segunda casa significa que los individuos deben liberarse de las tendencias materialistas y del acaparamiento y concentrarse más en el crecimiento espiritual.
3. **Tercera Casa:** El Nodo Norte en la tercera casa significa comunicación, creación de redes y aprendizaje. Esta posición indica que las personas deben concentrarse en desarrollar habilidades de comunicación, conectarse con las personas y adquirir conocimientos. El Nodo Sur en la tercera casa significa que los individuos deben liberar su miedo a hablar y su ofuscación en el aprendizaje y centrarse más en la exploración intelectual.
4. **Cuarta Casa:** El Nodo Norte en la cuarta casa significa bienestar emocional, arraigo y familia. Esta posición indica que las personas deben desarrollar la intuición, establecer conexiones emocionales y crear un ambiente hogareño de apoyo. El Nodo Sur en la cuarta casa significa que las personas deben liberarse de los traumas familiares y la inestabilidad emocional del pasado y centrarse más en crear su identidad.
5. **Quinta Casa:** El Nodo Norte en la quinta casa significa creatividad, autoexpresión y romance. Esta posición indica que las personas deben concentrarse en aprovechar su creatividad, perseguir sus pasiones y disfrutar de los placeres de la vida. El Nodo Sur en la quinta casa significa que los individuos deben liberar su tendencia a depender de otros para su validación y relaciones superficiales y concentrarse más en desarrollar sus talentos únicos.
6. **Sexta Casa:** El Nodo Norte en la sexta casa significa servicio, disciplina y salud. Esta posición indica que las personas deben centrarse en cuidar su salud física y mental, practicar la autodisciplina y contribuir a la sociedad a través del servicio. El

Nodo Sur en la sexta casa significa que las personas deben liberarse de la adicción al trabajo, del análisis excesivo y concentrarse más en el momento presente.

7. **Séptima Casa:** El Nodo Norte en la séptima casa significa alianzas, armonía y diplomacia. Esta posición indica que las personas deben construir relaciones saludables, desarrollar habilidades sociales y practicar el compromiso. El Nodo Sur en la séptima casa significa que los individuos deben liberarse de sus relaciones excesivamente dependientes y de confrontación y centrarse más en desarrollar la autosuficiencia.

8. **Octava Casa:** El Nodo Norte en la octava casa significa transformación, profundidad e intuición. Esta posición indica que los individuos deben explorar su potencial oculto, aceptar el cambio y desarrollar sus habilidades y sensibilidad psíquicas. El Nodo Sur en la octava casa significa que las personas deben liberar el miedo al cambio y el secretismo y centrarse más en vivir una vida de transparencia.

9. **Novena Casa:** El Nodo Norte en la novena casa significa búsquedas espirituales, conocimiento superior y conciencia global. Esta posición indica que las personas deben concentrarse en explorar diferentes culturas, realizar una educación superior y descubrir el propósito de su vida. El Nodo Sur en la novena casa significa que los individuos deben liberar creencias dogmáticas y patrones de pensamiento rígidos y concentrarse más en explorar diferentes perspectivas.

10. **Décima Casa:** El Nodo Norte en la décima casa significa éxito, reputación y ambición. Esta posición indica que las personas deben concentrarse en lograr sus objetivos, construir una reputación sólida y dejar un legado. El Nodo Sur en la décima casa significa que las personas deben liberar sus tendencias obsesivas y su miedo al fracaso y centrarse más en equilibrar el trabajo y la vida personal.

11. **Undécima Casa:** El Nodo Norte en la undécima casa significa comunidad, actividades humanitarias y justicia social. Esta posición indica que las personas deben centrarse en las redes sociales, contribuir a causas sociales y construir una comunidad de apoyo. El Nodo Sur en la undécima casa significa que los individuos deben liberar su tendencia a aislarse, desapegarse de las emociones y concentrarse más en nutrir sus relaciones.

12. **Duodécima Casa:** El Nodo Norte en la duodécima casa significa despertar espiritual, soledad y compasión. Esta posición indica que las personas deben concentrarse en explorar su reino interior, practicar la meditación y desarrollar empatía por los demás. El Nodo Sur en la duodécima casa significa que los individuos deben liberar su adicción al escapismo y la autocompasión y concentrarse más en desarrollar su fuerza interior.

La posición de los nodos lunares es un aspecto esencial de la astrología, y comprender su relación con las casas puede ayudar a las personas a conocer el propósito de su vida, el crecimiento del alma y el karma. La ubicación de cada nodo lunar tiene una representación única. Puede comprender mejor sus fortalezas, debilidades y áreas de crecimiento potencial analizándolo. Con este conocimiento, las personas pueden navegar sus vidas con mayor claridad, sabiduría y propósito.

Nodos y signos lunares

No se puede negar la influencia de la astrología en la vida y uno de sus aspectos más apasionantes es el estudio de los nodos. Los nodos son puntos en el cielo donde la órbita de la Luna se cruza con la eclíptica, lo que tiene un impacto significativo en la vida. Esta sección explora nodos relacionados con los signos, específicamente analizando conjunciones, tránsitos, aspectos y representaciones para cada posición.

1. **Aries:** Para aquellos con un nodo en Aries, la atención se centra en la individualidad, la impulsividad y el liderazgo. Las conjunciones entre un planeta y el nodo pueden mejorar estas características, mientras que los aspectos desafiantes resaltan cualidades negativas como el egoísmo o la agresión. Durante el tránsito, podría haber oportunidades para el autodescubrimiento y la toma de riesgos.

2. **Tauro:** Con un nodo en Tauro, la atención se centra en la comodidad material, la estabilidad y las relaciones. Las conjunciones pueden sacar a relucir un lado sensual, mientras que los aspectos desafiantes pueden llevar al materialismo y la terquedad. Puede haber oportunidades para obtener ganancias financieras o fortalecer las relaciones durante el tránsito.

3. **Géminis:** Con un nodo en Géminis, hay un enfoque en la comunicación, el aprendizaje y la adaptabilidad. Las conjunciones pueden mejorar estas cualidades, mientras que los aspectos desafiantes pueden conducir a la indecisión o la superficialidad.

Durante el tránsito, podrían existir oportunidades para establecer contactos o ampliar conocimientos.

4. **Cáncer:** Aquellos con un nodo en Cáncer se centran en la seguridad emocional, la crianza y la intuición. Las conjunciones pueden mejorar estas cualidades, mientras que los aspectos desafiantes pueden provocar mal humor o apego. Durante el tránsito, podría haber oportunidades para sanar y conectarse con las emociones internas.

5. **Leo:** Con un nodo en Leo, hay un enfoque en la creatividad, la autoexpresión y el liderazgo. Las conjunciones pueden mejorar estas cualidades, mientras que los aspectos desafiantes pueden conducir a la arrogancia o a un comportamiento de búsqueda de atención. Durante el tránsito, podría haber oportunidades para el autodescubrimiento y los esfuerzos creativos.

6. **Virgo:** Quienes tienen un nodo en Virgo se centran en la practicidad, la organización y el servicio. Las conjunciones pueden mejorar estas cualidades, mientras que los aspectos desafiantes pueden conducir al perfeccionismo o la crítica. Durante el tránsito, podría haber oportunidades para mejorar la salud o los objetivos profesionales.

7. **Libra:** Con un nodo en Libra, hay un enfoque en la asociación, la diplomacia y la estética. Las conjunciones pueden mejorar estas cualidades, mientras que los aspectos desafiantes pueden llevar a la indecisión o a evitar conflictos. Durante el tránsito, podría haber oportunidades para crecer en las relaciones o desarrollar talentos artísticos.

8. **Escorpio:** Aquellos con un nodo en Escorpio se centran en la transformación, la intensidad y la sexualidad. Las conjunciones pueden mejorar estas cualidades, mientras que los aspectos desafiantes pueden conducir a obsesiones o luchas de poder. Podría haber oportunidades para una curación profunda o para explorar temas tabúes durante el tránsito.

9. **Sagitario:** Con un nodo en Sagitario, la atención se centra en la expansión, la filosofía y la aventura. Las conjunciones pueden mejorar estas cualidades, mientras que los aspectos desafiantes pueden provocar inquietud o excesos. Durante el tránsito, podría haber oportunidades para viajar o crecer espiritualmente.

10. **Capricornio:** Aquellos con un nodo en Capricornio se centran en la ambición, la responsabilidad y la tradición. Las conjunciones pueden mejorar estas cualidades, mientras que los aspectos desafiantes pueden conducir al pesimismo o a un comportamiento adicto al trabajo. Durante el tránsito, podría haber oportunidades para avanzar en su carrera o asumir un rol de liderazgo.

11. **Acuario:** Con un nodo en Acuario, la atención se centra en la innovación, la individualidad y la justicia social. Las conjunciones pueden mejorar estas cualidades, mientras que los aspectos desafiantes pueden llevar a la rebeldía o al desapego. Podría haber oportunidades para el activismo social o la exploración de perspectivas únicas durante el tránsito.

12. **Piscis:** Quienes tienen un nodo en Piscis se centran en la espiritualidad, la intuición y la creatividad. Las conjunciones pueden mejorar estas cualidades, mientras que los aspectos desafiantes pueden conducir al escapismo o la inestabilidad emocional. Podría haber oportunidades para la curación emocional o para conectarse con poderes superiores durante el tránsito.

Los nodos son importantes en astrología y comprender la posición de los signos ofrece información valiosa sobre la vida de las personas. Las conjunciones, los tránsitos y los aspectos mejoran o desafían las cualidades asociadas con cada posición, y centrarse en estas influencias puede conducir al crecimiento y descubrimiento personal. Al explorar los nodos relacionados con los signos, puede profundizar en la comprensión de sí mismo y aprovechar el poder del cosmos.

Capítulo 7: Patrones kármicos

Los patrones kármicos están profundamente arraigados en la vida de las personas, moldean las experiencias e influyen en el futuro. Cada decisión pone en marcha una serie de eventos que pueden tener un impacto de gran alcance. Algunos de estos patrones son positivos y ayudan a las personas a vivir una vida mejor, mientras que otros son perjudiciales y provocan dolor y sufrimiento. Sin embargo, la belleza de los patrones kármicos es que tiene el poder de cambiarlos, puede liberarse de los ciclos negativos y manifestar sus deseos. Puede controlar su destino y crear un futuro mejor siendo consciente de sus pensamientos y acciones.

Este capítulo explora el karma y los patrones kármicos, cómo se identifican en una carta natal y aborda estrategias para el crecimiento espiritual y la superación de los desafíos kármicos. Analiza el libre albedrío en el destino kármico y cómo aprovechar el conocimiento de vidas pasadas para guiar el presente. Esa información le ayudará a comprender cómo los patrones kármicos influyen en su vida y le permitirá tomar decisiones conscientes que fomenten el crecimiento y la realización. Con este conocimiento, podrá avanzar en su viaje espiritual con claridad y convicción.

Un patrón kármico en el que una mujer da un regalo y luego recibe otro[12]

Karma y patrones kármicos

El karma es una ley universal que gobierna la vida de las personas. Sus pensamientos, sentimientos y acciones en esta vida dan forma a su destino en la próxima. Un patrón kármico es un evento o patrón recurrente en su vida que puede rastrear hasta decisiones o acciones de una vida anterior. Comprender el karma y los patrones kármicos puede ayudarle a manejar su vida y tomar mejores decisiones para su futuro. Esta sección explora el karma, cómo funcionan los patrones kármicos y cómo los nodos lunares de la Luna dan forma a su destino.

¿Qué es el karma?

El karma tiene sus raíces en las creencias hindúes, budistas y jainistas. Sus acciones, pensamientos e intenciones en esta vida tienen consecuencias que determinan su futuro. Si hace buenas acciones, será recompensado con buen karma, y castigado con mal karma si realiza malas acciones. El karma no es un castigo en sí, sino una consecuencia natural de las acciones de una persona, que podría trascender múltiples vidas.

Cómo funcionan los patrones kármicos

Los patrones kármicos son comportamientos o eventos repetitivos en su vida actual vinculados a vidas anteriores. Por ejemplo, podría ser un patrón kármico si está constantemente en relaciones volátiles o tiene un problema de salud recurrente. Cuando no aprende las lecciones de vidas pasadas, estos patrones se repiten hasta que corrige su comportamiento. Reconocer y cambiar estos patrones es la clave para romper el ciclo y mejorar su vida.

Nodos lunares y karma

Los nodos de la Luna están ubicados en la órbita de la Luna donde cruza la eclíptica. Los nodos Norte y Sur son puntos que forman un eje en astrología e influyen en el destino de una persona. El Nodo Norte representa las metas y el destino kármico de una persona, mientras que el Nodo Sur representa vidas y lecciones pasadas. Colocar estos nodos lunares en su carta natal le proporciona información sobre su destino kármico y cómo puede aprender de sus vidas pasadas.

Comprender el karma y los patrones kármicos le ayuda a tomar mejores decisiones en la vida y a trabajar por un futuro positivo. Puede liberarse del ciclo de comportamientos y experiencias negativas reconociendo y corrigiendo sus hábitos. Conocer la posición de sus nodos lunares le proporciona información sobre sus patrones kármicos y cómo trabajar para alcanzar sus objetivos de vida. Recuerde, no se debe temer al karma, sino aprender y crecer. Controle su destino y cree un futuro positivo a través del autoconocimiento y la superación personal.

Identificar patrones kármicos en una carta natal

Las cartas natales son el modelo de la vida de las personas en astrología. Indica la posición de las estrellas y planetas al nacer. Esta información permite a los astrólogos leer los rasgos de su personalidad, fortalezas, debilidades y patrones kármicos. El karma son sus acciones y decisiones en el pasado que influyen en su futuro. El ciclo de acción y reacción es un proceso continuo que afecta a la vida de una persona. Esta sección explica cómo la astrología puede analizar el karma y ayudarlo a identificar los patrones kármicos en su carta natal.

Comprender cómo la astrología puede analizar el karma

El estudio de la astrología propone que el karma es la fuerza impulsora detrás de la vida de las personas. Le ayuda a comprender los patrones positivos y negativos de su vida y cómo se relacionan con los viajes evolutivos de su alma. Los astrólogos creen que el karma se manifiesta de diferentes formas y se refleja en la carta natal. Cada planeta, signo y casa de la carta natal significa varios aspectos del karma. Por ejemplo, la posición de Saturno en una carta natal representa el karma de vidas pasadas, por lo que, cuando se enfrentan luchas y obstáculos, a menudo se vincula con la ubicación de Saturno en la carta.

Trazado del patrón kármico

Los astrólogos buscan patrones que indiquen una influencia kármica cuando analizan una carta astral. Un indicador esencial del karma en la carta natal es el Nodo Sur o la posición de Ketu. El Nodo Sur representa el karma de vidas pasadas. El Nodo Norte o Rahu representa su destino kármico. La posición del Nodo Sur en cualquiera de los doce signos astrológicos muestra la naturaleza de los retos a los que probablemente se enfrentará una persona en esta vida. Por ejemplo, si el Nodo Sur está en Aries, la persona puede tener problemas de asertividad y de control de la ira.

Explorar las lecciones de la vida y el karma de vidas pasadas

Cada planeta de la carta astral influye en el karma de forma diferente. Por ejemplo, la posición de Venus significa el amor que da y recibe, mientras que la de Marte indica energía física y determinación. La Luna representa su estado emocional y cómo maneja las emociones. Un astrólogo puede identificar la lección kármica que necesita aprender en esta vida analizando la posición de estos planetas. Ya estén relacionadas con el amor, la compasión, el valor o la honestidad, estas lecciones ayudan a la persona a crecer espiritualmente y a superar el karma de vidas pasadas.

La carta astral es esencial para identificar patrones kármicos y proporcionar una visión del camino del alma. Comprender la posición de los planetas, los signos astrológicos y las casas de la carta puede ayudar a clarificar el camino de su vida y su relación con el karma de vidas pasadas. Puede superar los retos kármicos tomando decisiones conscientes, trabajando en el crecimiento espiritual y concentrándose en las lecciones que debe aprender. Con la ayuda de un astrólogo y la visión de su carta astral, podrá comprenderse mejor a sí mismo y labrarse un buen futuro.

Superar los desafíos kármicos

El karma existe desde hace siglos y tiene una gran importancia en la vida de las personas. El principio universal de causa y efecto dicta que toda acción tiene una reacción igual y opuesta. Los desafíos kármicos son las consecuencias de sus acciones y las elecciones que debe afrontar en esta vida o en el futuro. Superarlos puede ser difícil, pero es esencial para el crecimiento espiritual. Esta sección explora varias formas de superar los desafíos kármicos y lograr el crecimiento espiritual.

Dharma: Su papel en el crecimiento espiritual

El dharma es el camino hacia la iluminación y la plenitud. Cumplir con su dharma es esencial para el crecimiento espiritual y para superar los retos kármicos. Su dharma es específico para usted. Es el propósito de su vida y sus cualidades únicas. Puede superar los desafíos kármicos cumpliendo su dharma y armonizándose con él. Sin embargo, debe comprender su dharma y su papel en la vida para lograr el crecimiento espiritual.

Autoconciencia y reflexión

La autorreflexión es la toma de conciencia de sus acciones, pensamientos y emociones, crucial para el crecimiento espiritual. El autoconocimiento ayuda a identificar las áreas que debe mejorar y a realizar los cambios necesarios. Debe reflexionar sobre sus experiencias y aprender de ellas. Cuando asume la responsabilidad de sus actos, aprende de sus errores, lo que le lleva al crecimiento espiritual. La autoconciencia y la reflexión son esenciales para reconocer los patrones kármicos y liberarse de ellos.

La práctica del Karma Yoga

El Karma Yoga es el yoga de la acción, en el que ofrece sus acciones a lo divino sin expectativas de recompensa o fruto. Esta práctica le mantiene desapegado de los resultados de sus acciones y se centra en cumplir con su deber sin apego ni juicios. Al realizar acciones con desapego, crea un karma positivo, reduciendo los desafíos kármicos negativos. Practicar Karma Yoga ayuda a superar el ego y a desarrollar la comprensión del servicio a la humanidad, un aspecto crucial del crecimiento espiritual.

Perdón

El perdón es una herramienta poderosa para el crecimiento espiritual y la superación de los desafíos kármicos. Cuando perdona a los demás, libera emociones negativas como la ira, el resentimiento y la amargura, liberándose de patrones kármicos. Perdonar no significa olvidar lo ocurrido. Más bien se trata de dejar ir las emociones negativas y seguir adelante. Puede crecer perdonándose a sí mismo por sus errores. Al perdonar a los demás, crea karma positivo en lugar de patrones negativos.

Atención plena

La atención plena es la práctica de estar presente y plenamente involucrado en el momento. Consiste en ser consciente de sus pensamientos, emociones y acciones sin juzgarlos. La atención plena le permite conectar con su yo superior y acceder a la paz interior, trascendiendo los retos kármicos. Cuando vive con atención plena, se da cuenta de la belleza que le rodea y aprecia cada momento de la vida. Practique la atención plena a diario para promover el crecimiento espiritual y superar los desafíos kármicos.

Superar los desafíos kármicos es esencial para su viaje espiritual y requiere dedicación y esfuerzo. Puede superar los patrones kármicos del pasado y lograr el crecimiento espiritual comprendiendo su dharma, practicando la autoconciencia y la reflexión, y realizando Karma Yoga, perdón y atención plena. Recuerde, cada reto es una oportunidad para crecer y aprender. Depende de usted sacar lo mejor de ello. Con estas prácticas, puede crear un futuro mejor, libre de patrones kármicos negativos, y lograr el crecimiento espiritual.

Estrategias para trabajar con los patrones kármicos de la vida

¿Alguna vez se ha sentido atrapado por situaciones repetitivas en la vida que parecen no tener fin? ¿Se siente a veces atrapado en ciclos negativos y no puede liberarse? Estos patrones recurrentes son patrones kármicos. Todo el mundo tiene patrones kármicos que debe superar, pero pueden suponer un reto, sobre todo sin las estrategias adecuadas. Esta sección explora algunos consejos para trabajar con los patrones kármicos y convertirlos en oportunidades de crecimiento y autodescubrimiento.

Abordar las situaciones difíciles con compasión

Una de las mejores formas de trabajar con los patrones kármicos es abordar las situaciones difíciles con compasión. Verá las cosas de otra manera cuando se acerque a una situación difícil con una mentalidad empática y comprensiva. La compasión le permite ver el problema tal y como es y le ayuda a liberar la ira o el resentimiento. Sólo entonces podrá avanzar con pasos prácticos para resolver la situación. Practicar el autocuidado y dedicarse tiempo a uno mismo es importante para fomentar la compasión. Cuanto más lo haga, mejor preparado estará para enfrentarse a los patrones kármicos con compasión.

Reconocer los patrones kármicos en su vida

El primer paso para transformar sus patrones kármicos es reconocerlos. Reflexione sobre su vida y examine las situaciones o comportamientos negativos que se repiten. Puede responsabilizarse de sus patrones kármicos y dejarlos ir cuando se dé cuenta de ellos. Los diarios y la meditación son herramientas útiles. Además, puede explorar sus patrones kármicos mediante un análisis de su carta natal. Esto le permitirá comprender el karma más profundo asociado a su vida y cómo le afecta.

Establecer intenciones para avanzar

Establecer intenciones es una forma eficaz de cambiar la energía de una situación. Identifique el comportamiento o el problema que quiere cambiar y establezca su intención. Escriba su elección y colóquela donde pueda verla a diario. Este recordatorio periódico le ayudará a mantenerse centrado y motivado para lograr su objetivo. Establecer intenciones le libera de sus patrones kármicos y le da el poder de crear algo nuevo y avanzar hacia un futuro más brillante.

Conectar con recursos para obtener más apoyo

No tiene que trabajar con patrones kármicos por su cuenta. Conéctese con recursos y apoyo que le ayuden a seguir por el buen camino. Puede ser un terapeuta, un entrenador o un amigo o familiar de confianza que pueda proporcionarle apoyo emocional y orientación. Sólo usted puede decidir qué es lo mejor. Sin embargo, contar con una fuente de apoyo es inestimable para transformar sus patrones kármicos. Utilice todos los recursos disponibles para mejorar y encontrar la paz interior.

Incorporar la atención plena a sus actos y pensamientos

La atención plena es estar presente y plenamente involucrado en el momento. Incorporar la atención plena a su vida diaria le hace más consciente de sus actos y pensamientos. Tomará decisiones conscientes para liberarse de patrones negativos y crear otros nuevos y positivos alineados con sus objetivos. La atención plena ayuda a cultivar la aceptación y la compasión, ofreciendo conexión con el mundo que le rodea.

Practicar la gratitud

Practicar la gratitud es una herramienta poderosa para transformar los patrones kármicos. Al centrarse en aquello por lo que está agradecido, cambia su energía hacia un estado positivo. Dedique un tiempo cada día a reflexionar sobre aquello por lo que está agradecido, por pequeño que parezca. Esta práctica libera energía negativa y le ayuda a avanzar con una mentalidad positiva. Si le cuesta encontrar cosas por las que estar agradecido, mire a su alrededor y aprecie las pequeñas cosas de la vida. Hay belleza por todas partes; de usted depende reconocerla.

Los patrones kármicos son desafiantes y a veces abrumadores, pero no tienen por qué controlar su vida. Puede transformar los patrones kármicos en oportunidades de crecimiento y autodescubrimiento abordando las situaciones con compasión, reconociendo los patrones, estableciendo intenciones, conectando con los recursos, incorporando la atención plena y practicando la gratitud. Recuerde, este viaje no es una solución rápida, pero con un esfuerzo constante y autorreflexión, podrá liberarse de los ciclos negativos y encontrar la paz en su vida.

Encontrar el equilibrio en el universo con el karma

¿Se ha encontrado alguna vez en una situación en la que parece que todo va mal? Su día puede empezar con un pinchazo de camino al trabajo, y luego derramar el café sobre su camisa nada más llegar. Es fácil sentir que el universo conspira contra usted en esos momentos. Pero, ¿y si hubiera una forma de encontrar el equilibrio, incluso en medio del caos? El karma. El karma es un concepto que existe desde hace siglos y que ayuda a comprender la interconexión de todas las cosas.

Alcanzar la armonía a través de la comprensión del karma

El karma es el concepto de que las acciones tienen consecuencias, positivas o negativas. A menudo, se asocia con "lo que va, vuelve". Si hace cosas buenas, pasarán cosas buenas. Si hace cosas malas, pasarán cosas malas. Pero el karma es mucho más complejo que eso. No es sólo una cuestión de causa y efecto. Se trata de lograr la armonía en el universo. Cuando comprenda que todo lo que hace repercute en el mundo que le rodea, actuará de forma que promueva el equilibrio y la armonía.

Reconocer la interconexión de todas las cosas

Las acciones no existen en el vacío; afectan a las personas y al mundo que le rodea. Verá el mundo de otra manera cuando reconozca la interconexión del karma y comprenda que sus acciones tienen un efecto dominó. Si hace algo bueno por otra persona, esa persona puede hacer algo bueno por otra. Es una reacción en cadena que puede tener un impacto positivo en el mundo.

Aprender de sus experiencias kármicas para crecer espiritualmente

El karma no sólo tiene que ver con las repercusiones de sus actos. Se trata de las lecciones que aprende de las experiencias. Cuando experimenta algo positivo o negativo, es una oportunidad para crecer. Aprende de sus errores y utiliza el conocimiento para tomar mejores decisiones en el futuro. No siempre es fácil ver la lección en el momento, pero, con el tiempo y la reflexión, se entenderá mejor a sí mismo y al mundo.

Practicar el karma en la vida cotidiana

Practicar el karma en la vida cotidiana consiste en ser consciente de sus actos y de su impacto en el mundo. Se trata de hacer el bien a los demás sin esperar nada a cambio. Es tratar a los demás con amabilidad y respeto. Es asumir la responsabilidad de sus errores y enmendarlos. No siempre es fácil hacer estas cosas, pero cuanto más se practica, más natural resulta.

Encontrar el equilibrio en el universo con el karma consiste en comprender que sus acciones tienen consecuencias, reconocer la interconexión de todas las cosas y aprender de sus experiencias. Practicar el karma en la vida cotidiana crea un efecto dominó positivo que repercute profundamente en el mundo. No siempre es fácil ser consciente de sus actos y de su impacto, pero, cuanto más practique, más contribuirá a crear un mundo equilibrado y armonioso. Así que, la próxima vez que tenga un mal día, recuerde que todo lo que hace tiene un impacto y céntrese en hacer el bien por sí mismo y por los demás. El universo se lo agradecerá.

Desbloquee su potencial kármico con la visión de la carta natal

La astrología es una práctica ancestral para obtener información sobre la personalidad, las relaciones y el futuro. Pero, ¿sabía que la astrología puede proporcionar información sobre vidas pasadas? Analizando su carta astral, puede descubrir su potencial kármico y comprender mejor las lecciones que debe aprender en esta vida. Esta sección explora el uso de la astrología para analizar el karma, la incorporación de los nodos lunares al análisis de la carta natal y la toma de medidas para desbloquear el potencial de su karma.

Uso de la astrología para analizar el karma

El Nodo Sur de la Luna representa el karma en su carta natal en astrología. El Nodo Sur representa las lecciones y experiencias que ha dominado en vidas pasadas. Describe los patrones y comportamientos que podría repetir en esta vida. Analizando la posición del Nodo Sur en la carta natal, se pueden comprender las áreas en las que uno puede estar atascado o en las que debe liberarse de viejos patrones. Por ejemplo, si su Nodo Sur está en Tauro, podría luchar contra el apego a las posesiones materiales. Al reconocer este patrón, puede liberarse de su apego a las cosas materiales y centrarse en cultivar la riqueza interior.

Incorporación de los nodos lunares al análisis de la carta natal

Además del Nodo Sur, su carta natal incluye el Nodo Norte. El Nodo Norte representa las lecciones de vida que debe aprender en esta vida. Por ejemplo, las áreas de su vida en las que se siente desafiado o incómodo, pero en las que es posible crecer y evolucionar. Analizando la posición del Nodo Norte en su carta natal, podrá comprender mejor su propósito en esta vida. Por ejemplo, supongamos que su Nodo Norte está en Sagitario. En ese caso, debería abrazar la aventura, explorar nuevos horizontes y abrir su mente a nuevas ideas.

Actuar para liberar el potencial de su karma

Una vez que haya comprendido sus vidas pasadas y su propósito en esta vida, es hora de pasar a la acción para liberar el potencial de su karma. Esto implica diversas prácticas, como meditar, escribir un diario o trabajar con un terapeuta. Incluye desarrollar nuevos hábitos o rutinas. Por ejemplo, puede beneficiarse de la meditación diaria de atención plena si tiene problemas de ansiedad. O, si tiene problemas de autoestima, le vendrá bien practicar afirmaciones u otras prácticas de autocuidado. Al tomar medidas para liberarse de viejos patrones y cultivar nuevos hábitos, desbloquea el potencial de su karma y avanza hacia una vida más plena y alegre.

La astrología es una herramienta poderosa para liberar su potencial kármico y comprender su propósito en esta vida. El análisis de la posición de los nodos lunares en su carta natal le permite comprender mejor sus vidas pasadas y las lecciones de esta vida. Al liberarse de viejos patrones y cultivar nuevos hábitos, desbloquea las posibilidades de su karma y avanza hacia una vida más plena y alegre. ¿Por qué no probar la astrología? ¿Quién sabe lo que puede aprender sobre sí mismo y sobre su futuro?

El papel del libre albedrío en el destino kármico

Es un deseo humano fundamental querer controlar su vida y forjar su destino. Pero, ¿hasta qué punto? El karma sugiere que sus acciones en vidas pasadas dictan sus circunstancias actuales. Entonces, ¿dónde reside el libre albedrío? ¿Es una mera marioneta en el gran esquema de las cosas, o puede elegir activamente su camino? Esta sección analiza la intersección entre el destino y el libre albedrío, y cómo la comprensión de esta relación puede ayudar a guiarle hacia su propósito final.

Determinar su destino

El destino kármico sugiere que las acciones de vidas pasadas predeterminan ciertos acontecimientos y circunstancias de la vida actual. Sin embargo, esto no significa que no tenga poder para moldear su futuro. Cada decisión tomada en el presente crea un efecto dominó que repercute en su futuro. Tiene un camino concreto que seguir, pero usted decide cómo recorrerlo y qué aprender de él. Es como un libro de aventuras. El resultado puede estar fijado, pero la forma de llegar a él es completamente cosa suya.

Comprender la intersección entre destino y libre albedrío

Existe un delicado equilibrio entre destino y libre albedrío. El destino establece el marco de la vida, mientras que el libre albedrío le permite tomar decisiones que influyen en el resultado de ese destino. Las elecciones del libre albedrío tienen consecuencias positivas y negativas que configuran su futuro kármico. Por ejemplo, si actúa continuamente de forma egoísta y perjudica a los demás, es probable que experimente efectos adversos. Por el contrario, si toma decisiones que benefician a los demás y contribuyen positivamente al mundo, es más probable que experimente resultados positivos.

Aprovechar el conocimiento de vidas pasadas para guiar el presente

Normalmente, una persona no recuerda sus vidas pasadas, pero puede aprovechar la sabiduría y los conocimientos adquiridos en ellas para guiar su presente. Es posible que tenga una habilidad o un talento innatos que no puede explicar o un fuerte impulso de seguir una carrera o un camino específicos. Podrían ser manifestaciones de experiencias y conocimientos de vidas pasadas que le guían hacia su propósito final. Si aprovecha estos conocimientos, se entenderá mejor a sí mismo y a su camino, y tomará decisiones alineadas con su destino kármico.

Aceptar la singularidad del camino de cada individuo

Por último, es esencial saber que el camino de cada individuo es único, a pesar de los marcos generales del destino kármico y el libre albedrío. Puede tener experiencias similares o encontrarse con obstáculos parecidos, pero sus reacciones y elecciones determinan en última instancia su camino. Resulta tentador comparar su progreso con el de los demás o intentar seguir el camino de otra persona, pero en última instancia esto socavaría su crecimiento y progreso. Puede prosperar y cumplir con su propósito final si acepta su individualidad y toma decisiones que se ajusten a su destino kármico.

El destino kármico y el libre albedrío pueden resultar desalentadores. ¿Cómo equilibrar estas fuerzas aparentemente opuestas para crear su mejor vida? En última instancia, se trata de comprender que tiene capacidad de acción, incluso navegando por marcos predeterminados. Comprenderá su camino y su propósito tomando decisiones alineadas con su destino kármico y basándose en el conocimiento de vidas pasadas. Prosperará en un viaje único abrazando su individualidad y evitando compararse con los demás. Así pues, controle sus elecciones y abrace la misteriosa intersección entre destino y libre albedrío.

Capítulo 8: Remedios para los maléficos Rahu y Ketu

Rahu y Ketu son dos de los planetas más poderosos en la astrología védica (aquellos que sienten su impacto saben lo intensa que puede ser su influencia). Representando los nodos lunares, estos dos planetas son notorios por causar interrupciones y caos en la vida de las personas. Sin embargo, se puede aprovechar su poder para lograr cambios positivos, comprendiendo su energía y funcionamiento. En lugar de temer a estos planetas, utilice su energía transformadora para impulsarse hacia adelante. Todo es cuestión de perspectiva y de aprender a trabajar con las fuerzas cósmicas.

Este capítulo del viaje de la astrología védica proporciona remedios para mitigar los efectos adversos de los maléficos Rahu y Ketu. Estos remedios deben ser utilizados con sinceridad y fe y no deben ser considerados como un sustituto del consejo profesional o tratamiento médico. Con la actitud y el enfoque adecuados, estos remedios pueden ser herramientas poderosas para el crecimiento y la prosperidad. Por lo tanto, acepte el desafío y vea las cosas asombrosas que puede lograr bajo la influencia de Rahu y Ketu.

Ganesha[18]

Veneración de Ganesha

En la astrología hindú, los planetas maléficos Rahu y Ketu se asocian a menudo con efectos adversos en la vida de una persona, como problemas económicos, de salud y de pareja. Sin embargo, desde la antigüedad se ha sugerido un remedio para estos planetas maléficos: adorar a Ganesha. El dios hindú con cabeza de elefante elimina los obstáculos y proporciona prosperidad y éxito en la vida. Esta sección explora cómo se puede adorar a Ganesha para ayudar a aliviar los efectos adversos de los planetas maléficos Rahu y Ketu.

Ofrenda de oraciones al Dios Ganesha

Esta es una de las formas más fáciles y efectivas de buscar sus bendiciones. Comience el día rezando al Dios Ganesha y buscando su guía y bendiciones. Puede encender una lámpara y palitos de incienso y ofrecer flores y frutas a Ganesha para mostrar su devoción. Una simple oración a Ganesha puede ser cantada 108 veces al día o recitada en el famoso Shri Ganapati Atharva Shirsha Mantra.

Recitar el Mantra "Om Gan Ganapataye Namaha"

Recitar el mantra "Om Gan Ganapataye Namaha" es una forma poderosa de invocar las bendiciones de Ganesha. Este mantra elimina los obstáculos y trae éxito y felicidad. Recite este mantra 108 veces al día durante 21 días, y verá cambios positivos en su vida. Si no puede recitarlo 108 veces al día, puede recitarlo 11 o 21 veces.

Participar en las celebraciones de Ganesh Chaturthi

Ganesh Chaturthi es un famoso festival que se celebra en toda la India en honor de Ganesha. Participar en estas celebraciones puede conectar poderosamente con Ganesha y buscar sus bendiciones. Muchas personas crean hermosos ídolos de Ganesha en su casa y realizan una puja para celebrar la ocasión. Los festivales suelen estar llenos de diversión y alegría; la energía puede ayudar a alejar las influencias negativas de la vida.

Creación de un santuario casero para Ganesha

Crear un santuario casero para Ganesha es excelente para desarrollar una relación personal con la deidad. Coloque una imagen o un ídolo de Ganesha en su casa y ofrézcale oraciones a diario. Puede encender una lámpara, ofrecer flores y frutas y recitar el mantra "Om Gan Ganapataye Namaha" para invocar las bendiciones de Ganesha. La energía del santuario ayuda a alejar las influencias negativas y atrae las energías positivas.

Visitar los templos locales de Ganesha

Visitar los templos locales de Ganesha es otra forma de conectar con Ganesha y buscar sus bendiciones. Muchos templos tienen días específicos para adorar a Ganesha, como los martes y los días de Chaturthi. Visite el templo durante estos días propicios y ofrezca oraciones a Ganesha para que elimine los obstáculos de su vida. De vez en cuando, participe en algún festival local de Ganesha que celebre el templo y absorba la energía positiva de la devoción.

Adorar a Ganesha es un poderoso remedio contra los maléficos Rahu y Ketu. Elimina los obstáculos y trae prosperidad y éxito. Al dedicarle oraciones, cantar el mantra "Om Gan Ganapataye Namaha", participar en las celebraciones de Ganesha Chaturthi, crear un santuario en casa, o visitar los templos de Ganesha, usted puede buscar las bendiciones de Ganesha y aliviar los efectos adversos de los maléficos Rahu y Ketu. Por lo tanto, empiece ya a adorar a Ganesha y atraiga la prosperidad y el éxito.

Recitar mantras de Rahu y Ketu

Cuando Rahu y Ketu se encuentran en una posición desfavorable, pueden crear caos, confusión e incertidumbre. Afortunadamente, algunos remedios mitigan sus efectos adversos. Un remedio consiste en recitar mantras específicos para Rahu y Ketu. Esta sección explora algunos mantras y rituales eficaces para ayudar a equilibrar estos planetas maléficos y mejorar su vida.

Entonar el Mahamrityunjaya Mantra

El Mahamrityunjaya mantra es poderoso en el hinduismo y se dice que conquista la muerte. Este mantra es efectivo para equilibrar a los maléficos Rahu y Ketu. El canto de este mantra ayuda a eliminar obstáculos, reduce la ansiedad y promueve el bienestar general. El mantra es el siguiente Om Tryambakam Yajamahe, Sugandhim Pushti Vardhanam, Urvarukamiva Bandhanan, Mrityor Mukshiya Maamritat.

Realizar Abhishekams con Agua de Coco

Ofrecer agua de coco a Rahu y Ketu es un remedio tradicional y eficaz para equilibrar estos planetas. El agua tiene un efecto refrescante sobre la naturaleza caliente y ardiente de los planetas maléficos. Se recomienda realizar este Abhishekam los martes o sábados para obtener el máximo beneficio. El ritual consiste en hacer un agujero en un coco y verter agua con flores en él, ofreciendo simultáneamente sus oraciones a Rahu y Ketu.

Ofrecer flores rojas a Rahu y Ketu

El rojo se asocia con Rahu y Ketu, por lo que ofrecer flores rojas a estos planetas es un remedio común y eficaz. Las flores rojas como el hibisco, las rosas y el loto pueden calmar las energías maléficas de estos planetas. Puede mejorar las relaciones, traer el éxito en los negocios y promover la estabilidad y la seguridad. Para realizar el ritual, sostenga una flor roja, ofrezca sus oraciones a Rahu y Ketu, y coloque la flor hacia estos planetas.

Recitar el mantra "Om Bhraam Bhreem Bhroum Sah Rahave Namah"

Otro mantra poderoso para equilibrar a Rahu es el mantra "Om Bhraam Bhreem Bhroum Sah Rahave Namah". Este mantra ayuda a eliminar los obstáculos y la negatividad causada por Rahu y promueve la paz y la armonía. Se recomienda cantar este mantra 108 veces los sábados para obtener el máximo beneficio. Además, puede recitar el mantra "Om Shraam Shreem Shroum Sah Ketave Namah" para apaciguar a Ketu.

Encender una lámpara con aceite de sésamo los sábados

Encender una lámpara con aceite de sésamo los sábados ayuda a equilibrar a Rahu y Ketu. Se recomienda encender una lámpara delante de una imagen o estatua de Rahu y Ketu y dedicarles oraciones. La lámpara de aceite de sésamo absorbe las energías negativas de estos planetas y promueve la energía positiva. Se aconseja realizar este ritual los sábados para obtener el máximo beneficio.

Rahu y Ketu maléficos pueden crear caos, incertidumbre y obstáculos. Sin embargo, algunos remedios ayudan a mitigar sus efectos adversos. Cantar mantras específicos, realizar Abhishekams, ofrecer flores rojas y encender una lámpara con aceite de sésamo son algunos de los remedios más eficaces. Puede conseguir equilibrio, estabilidad y éxito incorporando estos remedios a su vida espiritual y cotidiana. Estos remedios no pretenden sustituir al apoyo médico o psicológico, pero pueden complementar y mejorar su bienestar general.

Donación de objetos negros

La posición de los planetas en el horóscopo determina en gran medida los acontecimientos de su vida. Cuando Rahu y Ketu están en una posición maléfica, pueden causar varios inconvenientes, como problemas financieros, problemas de salud, problemas de relación, y más. Sin embargo, un remedio prominente para contrarrestar estos efectos desfavorables es donar objetos negros. Esta sección discute las diferentes cosas negras con las que puede contribuir para apaciguar a Rahu y Ketu.

- **Donar ropa negra:** Una de las maneras más simples de apaciguar a Rahu y Ketu es mediante la donación de ropa negra. Dasharatha, el padre de Rama, regaló ropa negra al Señor Rama y a sus hermanos para alejar los efectos nocivos de Rahu y Ketu durante el período Sani-Sadhe-Satti. Puede donar vestidos negros a los desfavorecidos, especialmente durante un Amavasya, para mitigar la energía negativa de Rahu y Ketu.

- **Donar semillas de sésamo negro:** Otra forma de anular el impacto adverso de Rahu y Ketu es donando semillas de sésamo negro. En la mitología hindú, el Señor Vishnu aplicó semillas de sésamo negro a su cuerpo, ayudándole a alcanzar su color legendario y otorgándole el poder de conquistar enemigos. Puede buscar las bendiciones de Rahu y Ketu donando semillas de sésamo negro a una persona pobre o a un brahmán piadoso.

- **Donación de gramo negro:** El gramo negro o *"Urad Dal"* es otro elemento con el que puede contribuir para apaciguar a Rahu y Ketu. Donar gramo negro (una legumbre del sur de Asia) los sábados y los días Amavasya, en nombre del Señor Shani, ayuda a reducir los efectos desfavorables de estos planetas. Puede donarlo a los desfavorecidos para alejar el impacto negativo de Rahu y Ketu.

- **Donar caridad en el nombre del Señor Shiva:** Realizar caridad en el nombre del Señor Shiva es uno de los remedios más potentes para contrarrestar los efectos maléficos de Rahu y Ketu. Donar a los pobres y necesitados en el nombre del Señor Shiva ayuda a calmar la energía de Rahu y Ketu, reduciendo su negatividad hacia la persona. Las caridades pueden hacerse visitando templos de Shiva y distribuyendo prasadam (comida sagrada) a los devotos.

- **Donaciones a familias necesitadas en Amavasya:** El significado de donar a familias necesitadas en Amavasya está infravalorado. Durante la noche sin luna, la energía de Rahu y Ketu está al máximo, lo que permite a las personas buscar sus bendiciones a través de diversas obras de caridad. Puede donar artículos como ropa negra, semillas de sésamo o gramo negro a familias de bajos ingresos que carezcan de lo necesario.

Donar objetos negros es uno de los remedios más poderosos para contrarrestar los efectos maléficos de Rahu y Ketu. Mediante la donación de ropa negra, semillas de sésamo, y el gramo negro, la realización de la caridad en nombre del Señor Shiva, y hacer donaciones a las familias necesitadas, puede mitigar la energía maléfica de estos planetas. Sin embargo, se recomienda buscar la orientación de un astrólogo experimentado antes de realizar un remedio.

Llevar piedras preciosas asociadas a Rahu y Ketu

La astrología siempre ha sido la luz que guía a quienes creen que los cuerpos celestes influyen significativamente en la vida de las personas. La creencia es que los planetas en determinadas posiciones favorables u opuestas influyen positiva o negativamente en la vida de las personas. Según la astrología védica, Rahu y Ketu crean caos, confusión y negatividad en la vida de una persona. Sin embargo, la buena noticia es que el uso de ciertas piedras preciosas asociadas con Rahu y Ketu puede ayudar a aliviar sus efectos nocivos. Esta sección profundiza en qué gemas pueden ayudarle a alejar los efectos maléficos de Rahu y Ketu.

- **Llevar granate hessonita (Gomed):** El gomed es una hermosa piedra perteneciente al grupo de minerales de la grossularita. Se la conoce como la *Piedra Canela* y es de color marrón anaranjado a naranja rojizo. Los astrólogos hindúes creen que la Hessonita, o Gomed, es la piedra preciosa para equilibrar los efectos maléficos de Rahu. Llevar un granate Hessonita ayudará a combatir los aspectos negativos de Rahu, como las pérdidas financieras y las dificultades con la mundanidad, los bienes materiales y la victoria sobre los enemigos.

- **Ojo de gato (Lehsunia):** Otra piedra preciosa asociada con Ketu es el Ojo de Gato (Lehsunia). La piedra natural Ojo de Gato es un miembro de la familia de los minerales crisoberilo. El Ojo de Gato se considera positivo para los afectados por Ketu y trae buena fortuna y salud. Ayuda a alejar las vibraciones negativas, promueve la espiritualidad y proporciona equilibrio.

- **Obtener la aprobación astrológica de las gemas antes de usarlas:** Consultar a un experto astrólogo especializado en recomendaciones sobre gemas es crucial antes de adquirir una piedra preciosa. Basándose en su carta astral y sus doshas, un experto determinará si la piedra escogida sería la mejor para usted. Una piedra preciosa equivocada puede hacer más daño que bien. Por eso, siempre es esencial que las apruebe un astrólogo experto.

- **Llevar las piedras preciosas en el día apropiado:** Llevarlas en el día apropiado es esencial, ya que potencia los efectos de la piedra. Miércoles, jueves y viernes son los días propicios para llevar Hessonita y Ojo de Gato.

Rahu y Ketu son dos planetas maléficos que afectan a la vida de una persona de numerosas formas indeseables. Sin embargo, llevar la piedra preciosa adecuada puede ayudarle a aliviar los efectos adversos de estos planetas. El Granate Hessonita (Gomed) y el Ojo de Gato (Lehsunia) son las dos piedras preciosas conocidas por equilibrar el impacto de Rahu y Ketu. Pero es crucial consultar a un astrólogo experto antes de llevar una piedra preciosa. Un buen astrólogo le ayudará a determinar cuál es la mejor piedra en función de sus lecturas astrológicas. Llevar la joya el día adecuado es esencial para obtener beneficios óptimos. Por lo tanto, llevar la piedra preciosa adecuada puede provocar cambios positivos y ayudarle a combatir los efectos adversos de Rahu y Ketu.

Realización de la puja

La idea de que Rahu y Ketu son maléficos puede ser desalentadora. Conocidos como los planetas sombra en la astrología védica, están asociados con varios desafíos que influyen enormemente en la vida de las personas. Los desafíos pueden manifestarse en problemas de salud, reveses en la carrera, luchas financieras y problemas en las relaciones personales. Sin embargo, con el enfoque adecuado para hacer frente a estos planetas maléficos, es posible encontrar la paz, la prosperidad y el éxito.

Esta sección está dedicada a explorar los diversos métodos para mitigar los efectos adversos de los planetas maléficos Rahu y Ketu. Ya sea ofreciendo oraciones, realizando pujas o consultando con sacerdotes expertos, puede aprovechar el poder de estos planetas en la sombra y superar sus obstáculos de numerosas maneras. Por lo tanto, vamos a sumergirnos en los diferentes aspectos de remediar la influencia maléfica de Rahu y Ketu.

Ofrenda de oraciones a Rahu y Ketu

La oración es una de las formas más sencillas y eficaces de mitigar los efectos maléficos de Rahu y Ketu. Recitar mantras y stotras específicos dedicados a estos planetas en la sombra puede apaciguar su influencia negativa y obtener bendiciones. Algunos de los mantras comúnmente utilizados para Rahu y Ketu son:

- **Om Rahuve Namaha:** Este mantra está dedicado a Rahu y debe ser cantado 18.000 veces durante 40 días para superar sus efectos maléficos.

- **Om Ketave Namaha:** Este mantra está dedicado a Ketu y debe ser cantado 7.000 veces durante 21 días para superar sus efectos maléficos.

Ofrecer flores e incienso a Rahu y Ketu

Otra forma de apaciguar a Rahu y Ketu es ofreciendo flores e incienso. Este ritual, conocido como *"pushpanjali"*, puede realizarse durante Rahu o Ketu Kaal los sábados, martes y domingos. Ofreciendo flores rojas y encendiendo varitas de incienso, se obtienen las bendiciones de Rahu y Ketu y se alivian sus efectos adversos. El ritual puede completarse haciendo girar las ofrendas alrededor de los ídolos de estos planetas siete veces y cantando mantras dedicados a ellos.

Participar en pujas y homas para Rahu y Ketu

Participar en los rituales dedicados a Rahu y Ketu es otra manera eficaz de superar sus efectos maléficos. Estos rituales implican adorar a deidades específicas asociadas con Rahu y Ketu, como el Señor Shiva, la diosa Durga y el Señor Ganesha. Al participar en ellos, puede buscar sus bendiciones y obtener protección contra la influencia negativa de Rahu y Ketu. Los rituales consisten en cantar mantras, ofrecer flores e incienso y realizar pujas. Algunas pujas comunes para Rahu y Ketu son Ganesh Puja, Lakshmi Puja y Mahamrityunjay Puja.

Realizar rituales de fuego para Rahu y Ketu en Amavasya

Realizar rituales de fuego o "havans" en Amavasya o el Día de Luna Nueva es otra forma poderosa de apaciguar a Rahu y Ketu. Al completar este ritual, se obtienen las bendiciones del dios del fuego, Agni, y se alivian los efectos maléficos de estos planetas en la sombra. El havan implica cantar mantras específicos y ofrecer ghee, miel y otros materiales sagrados al fuego. Si se realiza con dedicación y sinceridad, el havan puede cambiar positivamente la vida de una persona.

Consultar a un sacerdote experto antes de realizar pujas y homas

Aunque los métodos anteriores son eficaces, es esencial consultar a un sacerdote experto antes de realizar pujas y homas. Estos rituales implican mantras específicos, ofrendas y procedimientos que requieren una orientación y supervisión adecuadas. Un sacerdote reputado con experiencia en astrología y rituales védicos le guiará en la dirección correcta y se asegurará de que los remedios se realizan correctamente. Un sacerdote experto también le ayudará a determinar las mejores pujas y homas para su situación. Consultar a un experto antes de emprender un remedio asegura que los rituales se realicen correctamente y que obtenga los máximos beneficios.

Tratar con los efectos maléficos de Rahu y Ketu puede ser un reto, pero no es un obstáculo que no se pueda superar. Los remedios mencionados pueden apaciguar a estos planetas en la sombra y mitigar sus efectos adversos. Estos remedios requieren constancia y paciencia. Debe seguir adelante, aunque no vea resultados inmediatos. Encontrará paz, prosperidad y éxito con un poco de esfuerzo y perseverancia. Una combinación de dedicación y oraciones le traerá los resultados deseados.

Capítulo 9: Culto y remedios de Navagraha

Los Navagrahas, o nueve planetas, tienen un enorme poder e influencia en la vida de las personas. Desde determinar los éxitos y los fracasos hasta influir en la salud y las relaciones, afectan profundamente en quién y en qué se convierte. De ahí que el culto a los Navagraha y sus remedios hayan ganado popularidad a lo largo de los años. Ofrecer oraciones a estos cuerpos celestes y adoptar remedios específicos mitiga los efectos adversos de los planetas y libera su potencial positivo. Aunque los planetas pueden plantear retos, también ofrecen oportunidades de crecimiento y prosperidad.

Este capítulo le proporciona una lista completa de adoración Navagraha, rituales y remedios para aprovechar el poder de los planetas y cambiar positivamente su vida. Incluye consejos y resultados de la adoración de Navagraha para ayudarle a sacar el máximo partido de esta práctica. Con dedicación y fe, podrá transitar por el camino de la vida con facilidad y gracia, guiado por la energía divina de los Navagrahas. Encontrará el valor para afrontar sus retos y tendrá fe en que todo saldrá bien. Ojalá siempre encuentre guía, sabiduría y paz en la presencia de los Navagrahas.

Una mujer adorando a los Navagrahas[14]

Rituales Navagrahas

En el hinduismo, los Navagrahas se consideran fuerzas cósmicas importantes que influyen en la vida de las personas. Cada una rige un aspecto específico y tiene su propia personalidad, rasgos y energía. Muchas personas rinden culto a los Navagrahas, realizan rituales y pujas para potenciar las influencias positivas de estos cuerpos celestes. Esta sección trata de las formas fundamentales de conectar con los Navagrahas y de realizar el culto a los Navagrahas y las pujas.

Visitar los templos Navagraha

Una forma habitual de conectar con los Navagrahas es visitando sus templos. La mayoría de las ciudades indias tienen templos Navagraha, con deidades para diferentes planetas. Por ejemplo, el templo del Señor Shani (Saturno) se encuentra en Shani Shingnapur, Maharashtra, mientras que el templo de Surya (Sol) está en Konark, Odisha. Cuando se visita un templo Navagraha, los devotos ofrecen oraciones, encienden lámparas de aceite y realizan rituales específicos según la deidad a la que adoran.

Recitar mantras

Los mantras son poderosos para conectar con los Navagrahas. Cada planeta tiene su mantra, que ayuda a equilibrar su energía y a potenciar sus influencias positivas. Por ejemplo, el mantra del Señor Shani es "Om Shan Shanicharaya Namah". El mantra del Señor Surya es "Om Hrim Hrim Suryaya Namah". Recitar estos mantras a diario o en días concretos ayuda a alejar las influencias negativas del planeta y trae prosperidad y éxito.

Realización de Navagraha Puja

Navagraha puja es un ritual para venerar a los nueve planetas. Consiste en recitar mantras, ofrecer flores y frutas, encender lámparas y velas y hacer ofrendas específicas a cada planeta según sus características. Navagraha puja se suele realizar en ocasiones especiales como bodas, ceremonias de inauguración de casas y durante tránsitos planetarios que podrían ser maléficos.

Ofrenda de flores y prasadam

Ofrecer flores y prasadam (comida sagrada) a los Navagrahas es esencial en el culto a los Navagrahas. Cada planeta se asocia con una flor específica y un alimento que agrada a la deidad y trae bendiciones. Por ejemplo, al Señor Surya se le adora con flores rojas y platos hechos con trigo. A Chandra (Luna) se le ofrecen flores blancas y cuajada. Los devotos ofrecen estos objetos durante el culto habitual en casa o durante las visitas al templo.

Practicar el ayuno y la abstinencia

El culto Navagraha celebra ayunos en días específicos dedicados a cada planeta. Por ejemplo, los martes se dedican al Señor Mangal (Marte), mientras que los sábados se dedican al Señor Shani (Saturno). Ayunar esos días y abstenerse de actividades nocivas ayuda a apaciguar a la deidad y mitiga los efectos maléficos del planeta en la vida de una persona.

Venerar al Sol el domingo

El Sol es la fuente de energía más potente del universo. Adorar al Sol los domingos es propicio y puede reportar enormes beneficios. Además de recitar el mantra del Sol, los devotos pueden realizar el Surya Namaskar (saludo al Sol) o sentarse a la luz del Sol para recibir sus beneficios.

El culto a Navagraha es esencial para la espiritualidad hindú. Equilibra la energía de los planetas e influye positivamente en la vida de las personas. Con estas prácticas, puede conectar con los Navagrahas, buscar sus bendiciones y vivir una vida plena. Ya sea visitando los templos, recitando mantras, realizando pujas u ofreciendo flores y prasadam, cada actividad potencia significativamente los efectos positivos de los planetas. Así pues, incluya el culto a los Navagraha en su rutina espiritual y experimente su magia.

Remedios Navagraha

¿Está buscando formas de superar la influencia negativa de los nueve planetas en su vida? Los remedios Navagraha, practicados desde la antigüedad, pueden ayudar a equilibrar su planeta y traer éxito, salud y prosperidad a su vida. Los Navagrahas son nueve cuerpos celestes que influyen poderosamente en la vida de las personas; su fuerza o debilidad pueden decidir su destino. Esta sección analiza los remedios Navagraha más eficaces para ayudarle a vivir una vida feliz y plena.

Canto de mantras y meditación

Recitar los mantras Navagraha y meditar en sus nombres puede aportar una inmensa paz y calma a su vida. Cada planeta tiene un mantra específico que resuena con sus vibraciones, y recitarlo puede potenciar sus efectos beneficiosos. Por ejemplo, "Om Suryaya Namaha" se canta para el Sol, y "Om Chandraaya Namaha" para la Luna. Consulte a un astrólogo o únase a un grupo de canto del mantra Navagraha para conocer la pronunciación correcta y los procedimientos rituales.

Ofrecer plegarias y realizar pujas

Rendir culto a los Navagrahas, rezar y realizar ofrendas ayudan a aliviar sus efectos adversos. Ofrezca a cada planeta flores, frutas, incienso y otros objetos, recitando sus mantras. Realizar pujas y homas dedicadas a los Navagrahas aporta beneficios y prosperidad a largo plazo.

Llevar gemas y rudrakshas específicas

Llevar gemas y rudrakshas específicos potencia los efectos positivos de los planetas. Por ejemplo, llevar una gema de rubí puede fortalecer al Sol, mientras que un zafiro azul mejora la influencia de Saturno. Llevar un rudraksha 9-mukhi u 11-mukhi proporciona vibraciones positivas y mejora la salud y el bienestar general.

Recitar Stotras de los Navagrahas

Los Stotras o himnos dedicados a los Navagrahas también son poderosos para equilibrar sus fuerzas. Recitar regularmente el Brihaspati Stotra, el Shani Stotra o el Rahu Stotra puede traer paz y prosperidad a su vida. Algunos astrólogos sugieren repetir el Navagraha Kavacha, un escudo protector para repeler las influencias negativas.

Donaciones y obras de caridad

Hacer donativos y realizar obras de caridad puede mitigar la influencia negativa sobre el planeta. Puede hacer donaciones a templos, alimentar a personas en situación de pobreza o contribuir a una causa que merezca la pena. Este acto de bondad puede generar karma positivo y romper el ciclo de las energías negativas. Cuanto más generoso sea, mejor funcionará el planeta.

Ya sea recitando mantras, ofreciendo oraciones, llevando gemas específicas o haciendo donaciones benéficas, hay muchas formas de acceder a los poderes místicos de los Navagrahas. Consulte a un astrólogo experto o a un guía espiritual para seleccionar los mejores remedios para sus posiciones y períodos planetarios específicos. Con fe y práctica regular, los remedios Navagraha pueden ayudarle a abrir el camino hacia el éxito, la felicidad y la abundancia.

Cuándo y cómo iniciar el culto a Navagraha

El culto a los Navagrahas equilibra la influencia de estos cuerpos celestes, lo que conduce a una vida más feliz y próspera. Los Navagrahas, incluidos el Sol, la Luna, Marte, Mercurio, Júpiter, Venus, Saturno, Rahu y Ketu, tienen un impacto significativo en la vida de las personas. En esta sección se explica cuándo y cómo iniciar el culto a los Navagrahas y cómo puede ayudarle a identificar y tratar los problemas de su vida.

- **Determine su Rashi y Grahas:** El primer paso hacia la adoración de Navagraha es determinar su Rashi (o signo zodiacal) y los grahas que influyen en su vida. Varios sitios web y aplicaciones pueden ayudarle a determinar su Rashi y grahas basado en su fecha de nacimiento. Con esta información puede entender cómo afectan los Navagrahas a su vida.

- **Identificar las áreas problemáticas de su vida:** El siguiente paso es identificar las áreas problemáticas en las que influyen los Navagrahas. Por ejemplo, si Saturno está causando retrasos u obstáculos en su carrera, debe tratar este asunto a través de la adoración de los Navagrahas. Al identificar los grahas que causan los problemas, puede concentrarse en adorar a esos Navagrahas.

- **Consultar a un astrólogo o gurú para obtener ayuda:** Si es nuevo en el culto a Navagraha, consulte a un astrólogo o gurú para que le oriente. Ellos le ayudarán a identificar los grahas que afectan a su vida y le recomendarán remedios apropiados para equilibrar su influencia. Pueden sugerirle mantras, yantras o rituales específicos para ayudarle a conseguir los resultados deseados.

- **Elección de los remedios y soluciones adecuados:** Basándose en la guía de su astrólogo o gurú, puede seleccionar los remedios y soluciones más apropiados para contrarrestar la influencia negativa de los Navagrahas. Estos remedios incluyen llevar piedras preciosas, realizar mantras u observar rituales específicos. Puede que necesite hacer cambios en su estilo de vida o reestructurar sus rutinas para alinearse con la influencia positiva de los Navagrahas.

- **Realizar los rituales según las instrucciones:** Una vez identificados los remedios apropiados, es vital realizar los rituales según las instrucciones. Esto implica seguir directrices específicas y cumplir con ciertos periodos de ayuno o prácticas de purificación. El culto a Navagraha es una práctica disciplinada que requiere dedicación y compromiso. Es esencial seguir las instrucciones del astrólogo o gurú para obtener resultados óptimos.

- **Mantener un registro de sus experiencias y progresos:** A medida que practica la adoración Navagraha, es aconsejable llevar un registro de sus experiencias y progresos. Le ayudará a identificar las áreas de mejora y realizar un seguimiento de su viaje hacia una vida más feliz y próspera. Debería visitar periódicamente a su astrólogo o gurú para ajustar sus remedios en función de su progreso.

Si identifica su Rashi y sus grahas y consulta a un astrólogo o gurú, podrá elegir los remedios y soluciones adecuados para abordar las áreas problemáticas de su vida. Mientras realiza los rituales y observa las directrices, es esencial que lleve un registro de sus progresos y experiencias. El culto a los Navagrahas requiere disciplina y dedicación, pero puede conducir a una vida más feliz y próspera, alineada con la influencia positiva de los Navagrahas.

Consejos para la adoración de Navagraha

Reconociendo y apaciguando a los nueve dioses planetarios, se reducen las aflicciones astrológicas, se superan los obstáculos y se puede disfrutar de un mayor éxito, felicidad y bienestar. Sin embargo, es esencial llevar a cabo el ritual con el máximo cuidado, dedicación y positividad para cosechar los beneficios del Navagraha. Esta sección explora consejos para fortalecer su conexión con los Navagrahas y aumentar la eficacia de su culto.

Tener una mentalidad positiva: El primer y más importante consejo para una adoración Navagraha exitosa es cultivar una mentalidad positiva. Antes de comenzar el ritual, respire profundamente y piense en los cambios positivos que desea introducir en su vida. Concéntrese en los beneficios de adorar a los Navagrahas y crea en sus poderes para ayudarle a superar los obstáculos.

Tenga determinación y dedicación: La adoración de Navagraha no es un asunto de una sola vez. Requiere tiempo, esfuerzo y dedicación. Fije una hora y un lugar específicos para la adoración diaria y cúmplalos, independientemente de su rutina o estado de ánimo. Esfuércese por completar el ritual con sinceridad y devoción, y no deje que la pereza u otras distracciones se interpongan en su camino.

Siga las instrucciones cuidadosamente: Todos los rituales de adoración Navagraha siguen directrices estrictas prescritas en las escrituras védicas. Lea y comprenda estas directrices cuidadosamente para asegurar la eficacia de su adoración. Siga la recitación del mantra, la colocación del yantra, y otras instrucciones con precisión, y evite improvisaciones o atajos, a menos que un experto se lo recomiende.

Evite distracciones e interrupciones: Durante el culto Navagraha, apague el teléfono, la televisión u otros dispositivos que puedan perturbar su concentración. Elija un lugar tranquilo, limpio y bien ventilado para el culto, alejado del desorden y las perturbaciones. Evite pensamientos, emociones o conversaciones negativas durante la oración.

- **Sea consistente con su adoración:** El culto Navagraha produce los mejores resultados cuando se realiza de forma constante durante un período prolongado. Acostúmbrese a realizar el ritual diariamente o en ocasiones planetarias especiales. Si no puede completar el culto, pida consejo a un astrólogo o sacerdote.

- **Mantenga la calma y medite:** Uno de los principales objetivos del culto Navagraha es alcanzar la paz y la armonía interiores. Practique la respiración profunda, la atención plena o la meditación antes o después del culto. Concéntrese en su respiración, recite mantras o visualice los efectos positivos del culto en su vida. Esto le ayudará a mantener la calma, centrarse y alinearse con las energías de los planetas.

- **Busque ayuda cuando la necesite:** La adoración de Navagraha es una práctica compleja que requiere amplios conocimientos, habilidades y experiencia. Si es nuevo en esta práctica o se enfrenta a obstáculos en su adoración, no dude en buscar la guía de un astrólogo o sacerdote de confianza. Ellos le ayudarán con rituales personalizados, energización de yantra y otros métodos para mejorar la eficacia de su adoración.

- **Disfrute del proceso de adoración:** Recuerde, la adoración Navagraha no es un medio para un fin, sino una experiencia enriquecedora. Disfrute conectando con los dioses planetarios, aprendiendo sobre sus atributos y atribuciones, y buscando sus bendiciones para su bienestar. Tenga fe en los poderes divinos de los Navagrahas y confíe en que le mostrarán el camino correcto en la vida.

La adoración de Navagraha es una práctica poderosa para ayudarle a superar los efectos adversos de las alineaciones planetarias y alcanzar el éxito, la felicidad y el bienestar. Sin embargo, para aprovechar todo el potencial de esta práctica, debe abordarla con dedicación, positividad y constancia. Siga estos consejos y no dude en buscar orientación cuando sea necesario. Con la mentalidad y los esfuerzos adecuados, podrá fortalecer su conexión con los Navagrahas y desbloquear sus bendiciones divinas.

Resultados del culto Navagraha

Según la mitología hindú, cada planeta representa distintos aspectos de la vida, y venerarlos puede ayudarle a triunfar y superar obstáculos. El culto a Navagraha se ha seguido durante siglos, y los resultados han sido asombrosos. Esta sección profundiza en los efectos positivos del culto a

Navagraha y en cómo puede beneficiarle.

- **Efectos positivos sobre la salud:** El beneficio más significativo del culto a Navagraha es su impacto positivo en la salud de las personas. Cada planeta representa diferentes partes del cuerpo, y su culto ayuda a mantener una buena salud. Por ejemplo, adorar a Marte puede mitigar los trastornos relacionados con la sangre, mientras que Venus está asociado con el sistema reproductor. Del mismo modo, adorar a Júpiter puede curar dolencias relacionadas con el hígado. El culto a Navagraha regula las funciones corporales y mantiene la buena salud.

- **Eliminar obstáculos en la vida:** Todo el mundo encuentra obstáculos en la vida, pero el culto a Navagraha puede eliminarlos. Al adorar a los planetas, puede minimizar los efectos adversos de su influencia maléfica y aumentar el impacto positivo de su influencia benéfica. Por ejemplo, Saturno se asocia con obstáculos y retrasos, por lo que adorarlo puede aliviar esos problemas. El culto a Navagraha ayuda a eliminar barreras y a atraer el éxito y la prosperidad.

- **Estabilidad financiera:** La estabilidad financiera es algo que todo el mundo anhela. Rendir culto a planetas como Júpiter y Venus puede ayudar a atraer la riqueza y la prosperidad. Júpiter se asocia con la riqueza y la opulencia, y venerarlo puede traer buena suerte en la riqueza. Venus se asocia con el lujo y la comodidad. Honrar a estos planetas invita a la estabilidad financiera y la prosperidad material en su vida.

- **Éxito profesional y educativo:** Todo el mundo aspira al éxito en su carrera y educación. La adoración de Navagraha puede lograr este objetivo. Planetas como el Sol y Marte están asociados con el liderazgo y el coraje. Mejore sus rasgos de personalidad alineados con esos planetas adorándolos. Del mismo modo, Mercurio está asociado con la inteligencia y la sabiduría; adorarlo mejora sus perspectivas educativas. Venerar a estos planetas puede ayudarle a alcanzar un gran éxito en su carrera y educación.

- **Mejores relaciones con la familia y los amigos:** La adoración de Navagraha ayuda a mejorar las relaciones con la familia y los amigos. Planetas como la Luna y Venus están asociados con las emociones y la armonía. Adorarlos aumenta la compasión y el amor hacia sus seres queridos. Del mismo modo, Júpiter se asocia con la devoción y la confianza, y adorarlo puede ayudar a mejorar las relaciones interpersonales. La adoración de Navagraha trae armonía y paz a su vida.

- **Mayor conciencia espiritual:** La adoración de Navagraha ayuda a aumentar la conciencia espiritual. Planetas como el Sol y la Luna están asociados con las energías divinas y la conciencia cósmica. Al rendirles culto, podrá comprender mejor su viaje espiritual y reforzar la conexión divina. Le ayudaRÁ a mantener los pies en la tierra y a abrirse a las fuerzas superiores del universo. El culto a Navagraha aumenta la conciencia espiritual y la conexión con lo divino.

- **Mejora de los Doshas:** La adoración de Navagraha puede equilibrar los doshas en su vida. Los nueve planetas representan diferentes aspectos de la vida, y su culto puede traer armonía a su vida. Equilibre los tres doshas honrando a estos planetas, incluyendo Vata, Pitta y Kapha. Los nueve planetas tienen distintos atributos que regulan los doshas del cuerpo y aportan paz y armonía. El culto a Navagraha alivia los desequilibrios en los doshas y equilibra la vida de una persona.

El culto a Navagraha es una práctica tradicional que ha demostrado ser inmensamente beneficiosa para quienes la siguen. Rendir culto a los nueve cuerpos celestes puede mejorar varios aspectos de la vida, como la salud, la riqueza, la carrera profesional y las relaciones. El culto a los planetas puede minimizar la influencia negativa de los planetas maléficos y cosechar los beneficios de los planetas benéficos.

Este capítulo cubre los aspectos esenciales de la adoración Navagraha, incluyendo cómo hacerlo, remedios para ayudar a mitigar los efectos adversos de un planeta, y los resultados de la adoración Navagraha. Este capítulo le ha proporcionado información útil sobre esta antigua práctica y le ha animado a explorar más a fondo su potencial. Puede desbloquear los poderes divinos de los nueve planetas y traer felicidad, éxito y prosperidad a su vida. Namaste.

Conclusión

La astrología védica es una ciencia antigua que ha ayudado a la gente a comprender los misterios del universo durante miles de años. Rahu y Ketu son los más importantes a tener en cuenta en la comprensión de los planetas. Estos planetas sombra representan una fuerza poderosa en la vida, y comprender su influencia le puede ayudar a dar sentido a los retos y oportunidades que se le presenten. Esta guía explora el significado de Rahu y Ketu, incluyendo su papel en las cartas natales, los Nakshatras que rigen, los patrones kármicos relacionados y mucho más.

La comprensión de Rahu y Ketu en astrología es muy compleja. Rahu representa la ambición, el deseo y el éxito material, mientras que Ketu encarna la búsqueda espiritual, el desapego y los apegos. Puede descubrir la armonía definitiva en su vida reconociendo la importancia del éxito mundano.

La danza entre Rahu y Ketu es fascinante, llena de movimientos intrincados y giros inesperados. Pero, más allá de su belleza estética, esta danza tiene un gran significado para quienes buscan descubrir su verdadero destino. Al estudiar los ritmos y patrones de este dúo cósmico, se adquiere una comprensión más profunda de las fuerzas que nos impulsan y de los caminos que estamos destinados a seguir. Tanto si lucha por encontrar una dirección en la vida como si busca un propósito más profundo, la guía de Rahu y Ketu puede acercarle a un mayor conocimiento de sí mismo y a la plenitud.

Esta guía comenzaba con una visión general de la astrología védica, la antigua práctica india que se basa en gran medida en Rahu y Ketu. A continuación, profundizaba en estos dos planetas en la sombra, incluyendo sus cualidades y funciones en las cartas natales. Exploraba los Nakshatras asociados y los patrones kármicos en sus colocaciones. Esta guía también proporciona remedios para Rahu y Ketu maléficos y sugerencias para la adoración de Navagraha y otros remedios.

Trabajar con Rahu y Ketu para el crecimiento personal ayuda a equilibrar las búsquedas mundanas con la realización espiritual y a comprenderse mejor a uno mismo y su lugar en el universo. Las percepciones obtenidas de estos dos planetas ayudan a tomar decisiones sabias y a descubrir el camino de la vida. Esta guía incluye un glosario de términos que le ayudará a comprender mejor la astrología védica.

Aprendiendo y aplicando el conocimiento de esta guía, estará bien encaminado para entender el significado de Rahu y Ketu en la astrología védica. Con su guía, podrá abrazar las alegrías y desafíos de la vida, descubrir su verdadero propósito y progresar hacia el logro de una mayor conciencia de sí mismo. La vida puede ser un viaje complejo, pero, con estos dos planetas en la sombra, puede transitar por ella con mayor claridad y confianza. Así pues, abrace su destino y prepárese para sumergirse en el místico mundo de Rahu y Ketu.

Glosario de términos

La astrología védica es un vasto campo de conocimiento; es fácil perderse en la jerga y la terminología de esta práctica. Entender estos términos y sus significados le dará una mejor perspectiva de su horóscopo y de cómo usarlo para mejorar su vida. Esta sección incluye términos, palabras y frases comúnmente usadas en astrología védica, sus significados y pronunciaciones.

- **Agni:** El fuego también se refiere al Sol. Pronunciación: AG-nee.
- **Bhava:** Uno de los conceptos más importantes de la astrología védica. Se refiere a la "casa" o área de la vida que ocupa un planeta en una carta.
- **Dasha:** Este sistema predice los acontecimientos futuros basándose en las posiciones de los planetas y sus efectos en determinadas casas.
- **Dharma:** Uno de los cuatro objetivos principales de la vida según la astrología védica. Representa el dharma o propósito de una persona. Pronunciación: DHAR-mah.
- **Doshas:** Son desequilibrios planetarios que causan dificultades en la vida.
- **Ganesha:** El dios hindú de la sabiduría, a menudo llamado para ayudar a resolver problemas astrológicos complejos.
- **Gochara:** Término astrológico que designa los tránsitos o el movimiento de los planetas a través del zodíaco.
- **Graha:** La palabra significa *planeta* y se refiere a los principales planetas del sistema solar. Pronunciación: GRAH-hah.

- **Graha Chakra:** La carta planetaria en la astrología védica para predecir el futuro. Pronunciación: GRAH-hah CHAH-krah.
- **Jyotish:** Astrología védica, la ciencia de la luz. Pronunciación: JYO-tish.
- **Karma:** Los efectos de acciones pasadas en esta vida o en una anterior. Pronunciación: KAHR-mah.
- **Ketu:** Uno de los nueve planetas principales de la astrología védica, que representa la espiritualidad, la moksha (liberación) y otras experiencias místicas.
- **Kundali:** El término de la astrología védica para una carta natal que indica la posición de todos los planetas al nacer. Pronunciación: KUUN-dah-lee.
- **Lagna:** Este término se refiere al ascendente o signo ascendente en una carta, que determina los rasgos de personalidad de una persona.
- **Muhurta:** Elección de un momento propicio para acontecimientos importantes como el matrimonio, los viajes y otras ceremonias. Pronunciación: moo-HUR-tah.
- **Nadi:** Antiguo sistema astrológico que utiliza la quiromancia para predecir el futuro. Pronunciación: NAH-dee.
- **Nakshatra:** Son las 27 constelaciones o signos estelares de la astrología védica. Pronunciación: NAHK-shah-trah.
- **Rashi:** Signo del Zodiaco basado en las posiciones de los planetas y las estrellas. Pronunciación: RAH-shee.
- **Ritus:** Término de la astrología védica que designa las seis estaciones del año, divididas por dos equinoccios y dos solsticios.
- **Tithi:** Día lunar para determinar el momento exacto de un tránsito planetario.
- **Vedas:** Las escrituras sagradas hindúes, las más antiguas, fueron escritas alrededor del año 1500 a. C. Pronunciación: VAY-dahs.
- **Yoga:** Combinación de dos o más planetas en una carta que puede causar efectos poderosos.

Vea más libros escritos por Mari Silva

Su regalo gratuito

¡Gracias por descargar este libro! Si desea aprender más acerca de varios temas de espiritualidad, entonces únase a la comunidad de Mari Silva y obtenga el MP3 de meditación guiada para despertar su tercer ojo. Este MP3 de meditación guiada está diseñado para abrir y fortalecer el tercer ojo para que pueda experimentar un estado superior de conciencia.

https://livetolearn.lpages.co/mari-silva-third-eye-meditation-mp3-spanish/

¡O escanee el código QR!

Referencias

(s.f.-b). Outlookindia.com. https://www.outlookindia.com/outlook-spotlight/a-brief-about-rahu-it-s-influences-over-our-life-news-200762

Astrología, T. O. I. (2020, 1 de diciembre). ¿Qué es Rahu? ¿Cómo reducir los efectos maléficos de Rahu? Times of India. https://timesofindia.indiatimes.com/astrology/planets-transits/what-is-rahu-how-to-reduce-malefic-effects-of-rahu/articleshow/79510254.cms

Efectos eclipsantes de rahu y Ketu en astrología. (2021, 6 de octubre). GaneshaSpeaks.

https://www.ganeshaspeaks.com/astrology/planets/nodes/

Gupta, K. (2021, 12 de julio). Rahu y Ketu da resultados positivos en estas casas - AstroTalk. AstroTalk Blog - Consulta de Astrología Online con Astrólogo; AstroTalk.

https://astrotalk.com/astrology-blog/good-house-placement-for-rahu-and-ketu-in-kundli/

Monk, I. [@IndianMonk]. (2022, 19 de marzo). Rahu y Ketu : Los dos nodos lunares. Youtube.

https://www.youtube.com/watch?v=sid3Z4xm6uE

Rahu y ketu. (2014, 16 de mayo). Astrología Védica | Lecturas de Astrología y Aprende Astrología; Constelaciones Familiares.

https://vedicastrology.net.au/blog/vedic-articles/rahu-and-ketu/

Peace-Ketu: (2022, 6 de septiembre). Amarujala.

https://www.amarujala.com/photo-gallery/astrology/predictions-about-rahu-and-ketu-in-kundali-know-all-about-effect-of-rahu-ketu-in-life

Miembro de yoga-Noelle. (2017, 29 de octubre). El mito de RAHU y KETU: Los Nodos Lunares. The Yoga Sanctuary.

https://www.theyogasanctuary.biz/the-myth-of-rahu-and-ketu-the-lunar-nodes

Fuentes de imágenes

[1] *See page for author, CC BY-SA 4.0* <https://creativecommons.org/licenses/by-sa/4.0>, *via Wikimedia Commons:*
https://commons.wikimedia.org/wiki/File:Astrologia_V%C3%A9dica_2018.jpg

[2] https://commons.wikimedia.org/wiki/File:Chandra_the_Moon,_by_Ravi_Varma_Press.jpg

[3] *British Museum, CC BY-SA 4.0* < https://creativecommons.org/licenses/by-sa/4.0 >, *via Wikimedia Commons:* https://commons.wikimedia.org/wiki/File:One_of_the_Indian_planets,_probably_Mangala_(the_Mars)_-_relief_from_the_British_Museum.jpg

[4] https://commons.wikimedia.org/wiki/File:Budha_graha.JPG

[5] https://commons.wikimedia.org/wiki/File:Brihaspati_graha_(crop).jpg

[6] https://commons.wikimedia.org/wiki/File:Shukra_graha.JPG

[7] https://commons.wikimedia.org/wiki/File:Shani_graha.JPG

[8] https://commons.wikimedia.org/wiki/File:Rahu_graha.JPG

[9] https://commons.wikimedia.org/wiki/File:Ketu_graha.JPG

[10] *Jaivanth, CC BY-SA 4.0* < https://creativecommons.org/licenses/by-sa/4.0 >, *via Wikimedia Commons* https://upload.wikimedia.org/wikipedia/commons/8/8a/Navamsa_calculator_by_using_pata_of_nakshatra_-_English_version.png

[11] *Morn, CC BY-SA 3.0* < https://creativecommons.org/licenses/by-sa/3.0 >, *via Wikimedia Commons:*https://commons.wikimedia.org/wiki/File:Natal_Chart_--_Adam.svg

[12] *By Copyrighted to Himalayan Academy Publications, Kapaa, Kauai, Hawaii, CC BY-SA 2.5, via Wikimedia Commons:* https://commons.wikimedia.org/w/index.php?curid=1857404

[13] *Niranjan Arminius, CC BY-SA 4.0* <https://creativecommons.org/licenses/by-sa/4.0>, *via Wikimedia Commons:*https://commons.wikimedia.org/wiki/File:Lord_Ganesha_cropped.jpg

[14] *Ravindraboopathi, CC BY-SA 3.0* <https://creativecommons.org/licenses/by-sa/3.0>, *via Wikimedia Commons:*https://commons.wikimedia.org/wiki/File:Devotee_praying.jpeg

www.ingramcontent.com/pod-product-compliance
Lightning Source LLC
Chambersburg PA
CBHW051847160426
43209CB00006B/1198